KB093788

문화콘텐츠 스토리텔링의 실제

Culture Contents Storytelling

이명자

지은이 **이명자**

한국외국어대학교 러시아어과 및 동대학원 졸업(문학박사)했으며, 현재 청주대학교 문화콘텐츠학과 교수이다.
『러시아어의 구조』, 『사랑과 욕망의 해바라기』 등 다수의 저역서 출간하였고, 「러시아 민속의 기호언어로서의 chastushka(생활속요)」, 「혁신적 스토리텔링: 매튜본의 〈백조의 호수〉 3D」 등 다수의 논문 발표했다.

문화콘텐츠 스토리텔링의 실제
Culture Contents Storytelling

© 이명자, 2015

1판 1쇄 발행__2015년 02월 25일
1판 2쇄 발행__2017년 02월 25일

지은이__이명자
펴낸이__양정섭
펴낸곳__도서출판 경진
　　　　등록__제2010-000004호
　　　　블로그__http://kyungjinmunhwa.tistory.com
　　　　이메일__mykorea01@naver.com

공급처__(주)글로벌콘텐츠출판그룹
　　　　대표__홍정표　**편집디자인**__김미미　**기획·마케팅**__노경민
　　　　주소__서울특별시 강동구 천중로 196 정일빌딩 401호
　　　　전화__02) 488-3280　**팩스**__02) 488-3281
　　　　홈페이지__http://www.gcbook.co.kr

값 8,000원
ISBN 978-89-5996-442-0 93300

※ 이 책은 본사와 저자의 허락 없이는 내용의 일부 또는 전체의 무단 전재나 복제, 광전자 매체 수록 등을 금합니다.
※ 잘못된 책은 구입처에서 바꾸어 드립니다.
※ 이 도서의 국립중앙도서관 출판예정도서목록(CIP)은 서지정보유통지원시스템 홈페이지(http://seoji.nl.go.kr)와 국가자료공동목록시스템(http://www.nl.go.kr/kolisnet)에서 이용하실 수 있습니다. (CIP제어번호: CIP2015003995)

문화콘텐츠
스토리텔링의 실제

—— 이명자 지음 ——

경진출판

머리말

『스토리텔링 애니멀(The Storytelling Animal)』의 저자인 조너선 갓셜은 "이야기를 만들고 소비하려는 인간의 충동은 문학, 꿈, 공상보다 훨씬 깊은 곳에 잠재한다. 우리는 뼛속까지 이야기에 푹 젖어 있다."고 말한다. 이야기를 좋아하고 이야기를 지어내는 인간의 본성은 이제 우리를 문학, 문화, 비즈니스 등 삶의 모든 영역에서 스토리를 만들고 스토리를 이야기하는 법을 고민하는 시대로 이끌었다. 그리고 앞으로도 계속 스토리텔링은 현실과 가상 사이에서 진화할 것이다.

〈스토리텔링의 이해와 실제〉라는 강좌를 계속하고 있으면서 필자는 내내 PPT 파일을 들고 다니며 강의를 진행했다. 스토리텔링을 다루는 깊이 있고 전문적인 서적이 참으로 많이도 출판되었지만 우리 학생들의 요구와 강의 내용에 딱 들어맞는 것을 찾기 어려웠던 때문이다. 또한 문화콘텐츠 산업에서 시시각각으로 문화트렌드가 변화하고 새로운 콘텐츠가 나타나고 있는 것도 한 요인이 된다.

소심함으로 망설이고 게으름으로 지지부진하다가 2014년에 조심스럽게 본 교재 『문화콘텐츠 스토리텔링의 실제』를 내놓았는데,

문화콘텐츠 시장이 워낙 광범위한 데다 디지털 기술의 발전이나 대중의 기호에 따라 계속 진화하고 있는 만큼 수용자에게 필요한 정보를 제공하기 위해 콘텐츠 사례들을 보강하여 다시 개정판을 내놓는다.

책을 쓸 때는 대상과 목적을 분명히 해야 하고, 읽는 이들이 편하고 쉽게 읽어 내려갈 수 있도록 써야 한다는 평소의 원칙이고, 본 교재는 그 원칙에 최대한 부합되게 구성되었다. 다양한 실제 콘텐츠 사례들을 소개하며 한 학기 강의 시수에 맞춰 내용을 구성하다 보니 책의 깊이와 전문성이 미흡한데, 이 부분은 이미 출판된 훌륭한 전문서적들을 통해 관심 있는 부분을 보충하기 바란다.

본 교재는 모두 9장으로 구성되었다. 스토리텔링의 기본적인 개념과 필요성, 유형, 방법 등을 성공한 콘텐츠들을 중심으로 분석하여 설명해 놓고 있으며, 문화원형을 활용한 각색이나 전환 스토리텔링부터 요즘 SNS를 통한 스토리텔링까지 그리고 개인 창작에서 집단 창작까지의 스토리텔링을 모두 아우른다. 각 장의 말미에는 실습과제가 제시되어 있는데, 이는 이해한 것을 응용하여 각자 스토리텔링을 실습해보도록 한 것이다. 한 가지 안타까운 점은 본 교재에 예로 든 콘텐츠들이 최근에 나온 것들 중심으로 하였지만 이 역시 곧 최근 것이 아닌 것으로 될 것이라는 점이다. 그만큼 콘텐츠 시장은 급속도로 발전하고 커지고 있으니까.

책을 쓰다 머리가 무거워 잠깐 우암산 우회도로를 걸으니 겨울이라 그런지 귓불을 때리고 지나가는 찬바람이 매섭다. 추운 겨울만큼 한기가 느껴지는 출판 시장에서 일반서적도 아니고 전공교재를 흔쾌히 출판해주시는 도서출판 경진의 양정섭 대표님께 감사드린다.

끝으로 서두에 언급했던 『스토리텔링 애니멀』의 마지막 부분을 인용하며 서문을 마무리하고자 한다.

"이야기의 미래를 비관하거나 비디오 게임이나 리얼리티 프로그램의 인기를 폄하하지 말라. 우리가 이야기를 경험하는 방식은 진화할 것이되, 스토리텔링 애니멀인 우리는 네 발로 걷게 되지 않는 한 이야기를 포기하지 않을 것이다.

우리를 이야기의 동물로 만들고 이야기의 화려하고 신나는 역동성을 선사한 천재일우의 환상적 진화과정을 찬미하라. 가장 중요한 것은 스토리텔링의 힘을 이해하고 이야기가 어디에서 왔는지, 왜 중요한지를 알더라도 이야기의 매력은 조금도 줄지 않으리라는 점이다."

2016년 12월에, 우암산 기슭에서
이명자

목차

what's
your
story?

1.
문화콘텐츠와 스토리텔링

정보사회(Information Society) 다음은
꿈의 사회(Dream Society)이며
이미 시작되었다.
꿈의 사회에는
상품을 사고파는 것이 아니라
상품에 든 꿈을 사고팔게 된다.
꿈은 이야기이고 문화다.

—롤프 옌센, 『Dream Society』에서

　21세기에는 디지털의 급속한 발달로 다양한 문화콘텐츠가 지속적으로 만들어지고 있다. 고대의 구전문화나 동굴벽화[1]와 같은 것들부터 문학, 음악, 무용 등 인류 역사와 함께 존재해 온 문화콘텐츠는 디지털이라는 날개를 달고 그 외연과 의미가 확장되었고 대중문화와 같이 우리 생활 속에 깊숙이 침투해 들어왔다. '문화(culture)'와 내용물을 뜻하는 '콘텐츠(contents)'를 합성하여 만든 신조어인 문화콘텐츠라는 용어는 이제 점차 보편적으로 통용되고 있고 특히 창조경제를 강조하는 현재 문화콘텐츠 산업이 국가의 경쟁력을 좌우하는 중점 산업이 되었다. 정창권의 『문화콘텐츠 스토리텔링』에 따르

---

[1] 문화콘텐츠 장르 중 만화 콘텐츠의 기원을 고대 동굴 벽화로 보는 이도 있다. 만화잡지 전문업체인 '대원씨아이'의 황민호 상무에 의하면, 알타미라 동굴 벽화는 사물을 단순화시키고 특징을 과장해서 표현한 이야기가 있는 그림으로서 만화의 기원이 된다.

면, '콘텐츠'를 외국에선 사전적 의미인 내용이나 목차 정도로만 이해하고 있으나, 우리나라에선 더 나아가 각종 대중매체의 내용물로까지 확대해서 사용하고 있다. '문화콘텐츠' 역시 그러한데, 흔히 문화산업을 미국에선 엔터테인먼트 산업(Entertainment Industry), 일본에선 미디어 산업(Media Industry), 영국에선 크리에이티브 산업(Creative Industry)이라고 각각 부르고 있다.2) 아마도 미국은 문화산업의 상업적인 면을 강조하여 '엔터테인먼트'로 부르고, 일본은 문화산업의 전달 매체적인 측면을 강조하여 '미디어'로, 영국은 문화산업의 창조적인 측면을 강조하여 '크리에이티브'로 부르고 있는 듯하며, 우리나라는 문화산업의 내용적 측면을 강조하여 '문화콘텐츠'로 부르는 듯하다.

문화콘텐츠에 대한 쉬운 이해를 위해 간단하게 정리하면, 여러 가지 문화요소에 인터넷과 디지털 기술을 접합한 내용물을 TV, 스마트폰, PDA, 컴퓨터, 게임기 등 다양한 플랫폼에 탑재함으로써 소비자에게 광범위하게 유통될 수 있도록 하는 상품이 문화콘텐츠이다. 문화산업의 내용적 측면에 따라 그 종류는 영화, 음악, 만화, 애니메이션, 게임, 방송영상, 광고, 에듀테인먼트, 패션, 회화,

---

2) 현재 세계 각국은 문화콘텐츠 산업을 21세기의 주력산업으로 선정하고 그에 대한 지원과 투자를 계속하고 있다. 미국은 문화산업을 군수사업과 더불어 국가의 2대 주력 산업으로 육성하는 정책을 추진하고 있는데, 미국의 문화산업은 전 세계를 무대로 하고 있으며, 영화, 애니메이션, 뮤지컬, 음반, 캐릭터 등 엔터테인먼트 산업에서 맹위를 떨치고 있다. 영국은 문화산업을 별도로 창조산업으로 규정하여 지원하고 있으며, 출판이나 방송, 영화, 공연뿐 아니라 그와 관련된 캐릭터나 관광 산업 등이 균형 있게 골고루 발전하고 있다. 일본의 문화산업은 기본적으로 안정된 작가층과 마니아층을 기반으로 하고 있으며 특히 만화나 애니메이션, 게임, 캐릭터 산업 등이 발달되어 있다(정창권, 『문화콘텐츠 스토리텔링』, 북코리아, 2008, 18~19쪽).

출판 등 다양하다.

　아날로그 시대에서 디지털 시대로의 변화는 새로운 매체들의 출현과 더불어 그 매체들의 융합으로 인한 콘텐츠 산업을 급속도로 발전시키고 있다. 『문화콘텐츠 그 경쾌한 상상력』에 따르면,[3] 융합 현상은 메디치 효과(Medici effect)로 설명할 수 있다. 메디치는 이탈리아의 거부 상인 가문인 메디치 가문을 지목하는 것으로 이들은 15세기 르네상스 시대에 음악가, 미술가, 철학가 등 여러 분야의 예술가와 학자들이 한자리에 모여서 공동 작업을 할 수 있도록 후원하였다. 그 결과 창조적인 문화가 꽃피었는데, 예를 들어 미술과 해부학이 만나 새로운 미술 영역을 창조할 수 있었던 것과 같은 것이다. 이러한 효과에 주목한 프란스 요한슨이 2005년 주장한 경영이론이 메디치 효과이다. 프란스 요한슨은 서로 다른 수많은 생각들이 한곳에서 만나는 지점을 교차점이라 하고, 또 이 지점에서 혁신적인 아이디어가 폭발적으로 증가한다고 말한다. 다양한 영역과 상이한 문화, 그리고 다른 생각들이 함께 모이는 교차점에서 혁신적이고 창의적인 아이디어가 만들어진다는 것이다.

　이러한 융합은 디지털 기술의 발달과 함께 문화콘텐츠 산업 전반에서 다양하게 나타나고 있으며, 장르별 콘텐츠 각각에서 나타날 뿐 아니라 장르 간 상호작용에 의해 통합된 문화영역으로까지 확산되고 있다. 최근 문화콘텐츠에서 화두로 떠오른 '컨버전스(convergence)'라는 말이 바로 이 융합이라는 말과 같은 의미인데 실

---

3) 송원찬·신병철·안창현·이건웅, 『문화콘텐츠 그 경쾌한 상상력』, 북코리아, 2010, 202~203쪽.

무현장에서나 학계, 언론계에서 '융합'이라는 어휘보다 '컨버전스'라는 어휘로 사용하는 일이 더 많아진 듯하다. MIT 교수이며 미디어 비교연구 프로그램의 창립자인 헨리 젠킨스(Henry Jenkins)는 컨버전스를 다양한 미디어 플랫폼에 걸친 결합과 흐름과 그 생산 및 소비와 관련된 사회 경제적 작용 및 이로부터 파생되는 미디어 수용자들의 행위 양식의 변화를 총괄하는 현상으로 간주하였다. 그의 저서『컨버전스 컬쳐』에서 예로 든 휴대폰과 관련된 이야기가 컨버전스에 대한 이해를 쉽게 한다.

"컨버전스 문화가 작동하고 있는 또 다른 사례를 살펴보자. 2004년 12월에 인도영화의 기대작, 〈Rok Sako To Rok Lo〉(2004)는 EDGE 기술(EDGE: Enhanced Date Rates for GSM Evolution, 더욱 **빠른** 데이터 전송속도 제공)이 적용되어 실시간으로 동영상을 받아볼 수 있는 휴대폰을 통하여 델리, 방갈로르, 하이데라바드, 뭄바이를 비롯한 인도의 여러 지역에 있는 영화광들에게 상영되었다. 이는 휴대폰을 통하여 영화 전체가 상영된 최초의 사례로 알려졌다. 이러한 형태의 유통이 사람들의 삶 속에 어떻게 스며들지는 아직 좀 더 지켜볼 필요가 있다. 영화관에 가는 것을 대체하게 될까? 아니면 그저 다른 곳에서 볼만한 영화를 살펴보려고 사용하게 될까? 아직은 아무도 모른다.

지난 몇 년 동안 우리는 휴대폰이 세계 각지에서 영화들의 개봉 전략에 중심적인 역할을 하는 것을 지켜봐왔다. 국제적인 영화 축제에서 아마추어와 프로페셔널 휴대폰 영화들이 상을 받기 위하여 경쟁하고, 대규모의 콘서트를 휴대폰을 통하여 감상하며, 일본의 소설 작가들이 메신저를 이용하여 소설을 연재하고, 게임 플레이어들은 모바일 기기를 통하여 확장된 가상현실 게임에서 경쟁하는 것을 보았다. 이중 몇몇 기능은 뿌리를 내리고, 다른 것들은 실패할 것이다.

나를 구식이라고 말해도 좋다. 지난주에 나는 휴대폰을 사려고 했다. 알다시피 전화를 하려고 말이다. 나는 캠코더 기능이나 디지털 카메라, 혹은 인터넷 접속이라던가, MP3 플레이어, 그리고 게임기를 원한 것이 아니다. 또 나는 영화 예고편을 본다거나 내가 직접 벨소리를 꾸밀 수 있는 기능, 소설을 읽을 수 있는 기능들도 원하지 않았다. 나는 스위스 군용 칼(맥가이버 칼)을 원한 것도 아니었다. 전화 벨소리가 울리면 그 전화를 받기 위해 무슨 버튼을 눌러야 할지 고민하지 않아도 되면 좋을 것 같다. 나는 그냥 단순한 전화기를 원했을 뿐이다. 점원은 코웃음을 쳤고, 등 뒤에서 나를 비웃었다. 한 모바일 업체가 말하기를, 그들은 이제 한 가지 기능만을 가진 휴대폰은 만들지 않는다고 했다. 아무도 그런 것은 원하지 않는다고 말이다. 나는 이것이 미디어 컨버전스의 과정에서 어떻게 휴대폰이 중심에 놓이게 되었는지를 보여준다고 생각한다."[4]

특히 IT 강국으로 일컬어지는 우리나라는 다른 어떤 나라들보다도 휴대폰의 대중화가 빨리 이루어졌다. 최근의 스마트폰은 단순한 전화 통신 기기가 아니라 통신수단, 게임, 영화, 음악, 사진, 동영상 등 멀티미디어 기기로서의 역할을 담당함으로써 진정한 컨버전스의 매체가 되고 있다.

최근에는 기술의 융합뿐 아니라 다양한 학문 간의 경계를 허무

---

4) 헨리 젠킨스, 김정희원·김동신 옮김, 『컨버전스 컬쳐』, 비즈앤비즈, 2008, 20~21쪽.

는 융합이 강조되고 있는데, 그것은 바로 스토리의 힘 때문이다. 성공한 콘텐츠와 실패한 콘텐츠의 원인을 분석해 보면 바로 스토리에서 그 해답을 찾을 수 있다. 창의적 혁신의 대표주자로 알려져 있는 애플의 창시자 스티브 잡스가 기술과 인문학의 융합을 언급한 이후로 우리나라에서도 '스티브 잡스 콤플렉스'처럼 콘텐츠 각 분야에서 기술과 인문학의 융합을 들먹이고 있다.

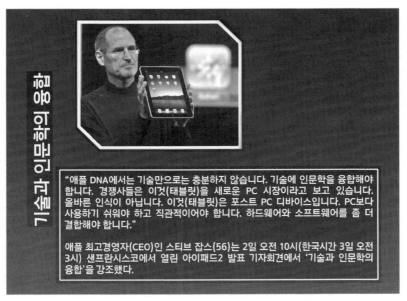

〈2011년 3월 스티브잡스의 아이패드 2 프레젠테이션〉[5]

2010년에는 지식경제부의 주도로 '한국형 스티브 잡스 육성 프로젝트'라는 이름으로 소프트웨어 마에스트로 과정을 발족해 연

---

5) 김광현 IT전문기자, "암투병 스티브잡스 깜짝 등장…기술+인문학이 애플 DNA", ≪한국경제≫, 2011.03.03 참조.

수생을 선발하였고 현재는 미래창조과학부와 정보통신산업진흥원에서 주도하는 'SW 마에스트로'과정을 통해 소프트웨어 인재양성에 힘쓰고 있다. 또한 한국콘텐츠 진흥원의 '콘텐츠 융합 아카데미'를 비롯한 지역 진흥원들의 다양한 '스마트 콘텐츠 융합 인재양성'과정에서도 앞으로의 콘텐츠 산업을 이끌어갈 창의적 인재를 육성하고 있다. 문화콘텐츠 소프트웨어 개발에서 융합적 사고의 중추가 되는 것이 바로 기술을 활용하기 위한 스토리텔링 전략이다. 그리고 스토리텔링 전략의 기본 배경에는 인문학적 지식과 사고가 큰 역할을 한다. 북유럽 신화가 모티브가 된 게임 콘텐츠 '라그나로크'의 성공에서 볼 수 있듯이 최근 글로벌 시장에서도 단연 두각을 나타내고 있는 한국의 게임 산업이 바로 융합형 스토리텔링의 성공 사례가 된다. 특히 소셜 네트워크 게임은 매우 투박한 그래픽과 단순한 인터페이스를 가지고 있음에도 전 세계 수억 명의 유저들을 갖고 있는데, 이것이 가능한 이유는 빠른 피드백과 유저들의 심리분석을 통해 운용하기 때문이며 이러한 심리분석에 바로 인문학적 배경지식이나 사고가 필요하다.

문화콘텐츠에서 적절한 스토리텔링이 얼마나 큰 성과를 얻는지 다음의 사례를 통해 좀 더 살펴보자.

PC 온라인 게임이 한창 인기를 얻고 있을 시절엔 모바일 게임은 그 단순성으로 인해 유저들의 환심을 사지 못했다. 버튼 방식의 피처폰에서 터치 방식의 스마트폰으로 모바일 시장이 변해가도 모바일 게임은 단지 버튼을 터치로 바꾸는 변화에 머물러 게임 유저들에겐 그다지 관심거리가 되지 못했다. 이러한 모바일 게임 시장에서 일대 혁신을 불러일으키며 전 세계 모바일 게임의 선풍적 인기를 주도한 것이 바로 핀란드 로비오사가 개발한 〈앵그리 버드 (Angry Birds)〉이다.

〈앵그리 버드〉

〈앵그리 버드〉는 화가 난 새들이 자신들의 알을 훔쳐간 초록돼지들을 공격하는 퍼즐게임이다. 〈위키백과〉의 설명에 의하면, 이 게임은 애플의 아이폰과 아이팟 터치용 게임으로 개발되었을 때 천만 번 이상의 복사본이 구입되었고, 다른 터치스크린에 기반을 둔 스마트폰 버전들이 생기기 시작하였다. 2010년 11월, 디지털트렌즈 닷컴은 "3천 6백만 번의 내려 받기를 통해, 앵그리 버드는 이제 대부분의 주류 게임 중의 하나가 되었다."라고 말했다. 2011년 1월 4일에는 마이크로소프트 윈도 7, 윈도 XP 그리고 모블린용 버전이 출시되었다. 또 2016년에는 〈앵그리버드 극장판〉이 개봉되기도 하였다.

앵그리 버드의 게임 방법은 각 스테이지에서 플레이어가 새총

을 이용하여 정해진 새들을 차례대로 쏘아 돼지들을 모두 잡는 것
이다. 이때 각 새들은 특징에 따라 다양하게 공격에 활용될 수 있
다. 새들을 다 쐈는데 돼지가 한 마리라도 남아 있으면 실패한 것
이 되며, 돼지들을 모두 잡았을 경우 장애물의 파손 정도, 그리고
남은 새들의 수에 따라 점수를 획득한다. 획득한 점수에 따라 별
1개~3개를 얻게 되며 다음 단계로 진출할 수 있다.

   첫 번째 버전인 〈앵그리 버드〉 스테이지들에 이어 〈앵그리 버
드: 시즌〉, 〈앵그리 버드: 리오〉, 〈앵그리 버드: 스페이스〉로 이어
지는 시리즈는 그때마다 배경을 달리하며 그 배경이 되는 곳의 문
화를 내재한 스토리로 유저들의 흥미를 유발시킨다. 또한 앵그리
버드의 변신을 꾀하기 위해 앵그리 버드 시리즈의 개발사인 로비
오사는 완구브랜드 및 동명의 영화 시리즈로 유명한 '트랜스포머'
와 라이센스를 계약하고 〈앵그리버드: 트랜스포머〉라는 모바일
게임을 개발하였다. 애니메이션 스토리텔링의 가장 큰 전략인 '진
화'의 전략을 앵그리 버드도 따르는 듯하다. 단지 배경의 진화만이
아니라 캐릭터의 진화로 발전하고 아울러 협업을 통해 또 하나의
융합 콘텐츠를 생산한 것이다.

   〈앵그리 버드〉가 모바일 게임시장에서 성공한 요인은 곧바로
〈앵그리 버드〉의 스토리텔링 전략과 통한다. 그것은 '복수'의 서사
를 게임 스토리에 이용하면서 플레이는 쉽게 하는 방식이 매 시리
즈마다 기본이 되는 것이다. 여기에 우스꽝스러운 이미지와 화려
한 빛깔로 시각적인 효과를 극대화한 캐릭터들, 텍스트나 지시어
없이 단지 이미지들의 연속으로 이어지는 스토리, 단순하게 새총
만 쏘면 되는 것 같으나 각 상황에 따라 머리를 써야 돼지를 맞힐

수 있는 스릴과 스테이지마다의 레벨 디자인6) 등이 재미있는 사운드와 결합하면서 게임의 인기에 큰 몫을 하여 글로벌 시장에서 통한 가장 창의적이면서 성공적인 게임 콘텐츠로 자리매김할 수 있었다.

2012년 세계는 '싸이'라는 한국의 대중가수와 그가 춘 '말춤'에 열광하였다.

〈싸이 공연 장면〉

---

6) 로비오사는 게임 홍보 방법 중 하나로 게임에 대한 홍보 영상 제작뿐 아니라 가능한 모든 문의 메일에 대한 답장을 하거나 유저들의 의견을 게임 내의 콘텐츠로 사용하는 등 유저들의 의견에도 귀를 기울이는 자세를 보여주었다. 실제로 5살짜리 아이가 스케치북에 그린 '앵그리 버드' 레벨 디자인이 게임 내에 콘텐츠로 채택되기도 했다.

〈5살짜리 아이가 보낸 아이디어.
해당 아이디어가 들어간 8-3 스테이지에 표시되어 있는 'Ethan'
이 5살짜리 아이의 이름이라고 한다.
(출처: 네이버 캐스트, http://navercast.naver.com/contents.nhn?rid=195&contentsid=47797)〉

〈위키백과〉에 공식적으로 언급되어 있는 설명에 따르면, 〈강남스타일(Gangnam Style)〉은 대한민국의 가수인 싸이의 여섯 번째 정규 앨범 ≪싸이6甲 Part 1≫의 세 번째 트랙이자 타이틀곡이다. 2012년 7월 15일에는 음반으로 발매되었다.

〈강남스타일〉은 한국 가온 디지털 종합 차트와 코리아 K-Pop 핫 100에서 1위를 했으며, 해외에서는 영국, 독일, 프랑스, 호주, 캐나다, 이태리, 스페인, 네덜란드 등 30개국 이상의 공식차트에서 1위를 했다. 미국 빌보드 핫 100에서는 한국인으로는 원더걸스 〈Nobody〉에 이어 역사상 두 번째로 차트에 진입했으며, 또한 순위가 2위까지 올라간 뒤 7주 동안 이를 유지하며 아시아인으로 역사상 두 번째로 높은 순위를 기록했다.

〈강남스타일〉의 이러한 성공에는 뮤직비디오가 주된 요인으로 꼽히고 있다. 이 뮤직비디오는 유튜브에서 20억 건 이상의 조회수를 넘겼으며 이 기록은 아시아 가수로는 최초이자 역대 유튜브 조회수 1위이고, 약 845만 건의 '좋아요' 추천을 받아 최다 '좋아요' 추천 분야에서 기네스 세계 기록에 올라 있다. 또한 이 노래는 'MTV 유럽 뮤직 어워드' 최우수 비디오 상을 수상하였고, 2013년 1월까지 전 세계적으로 1,200만 건 이상의 싱글을 판매해 세계 디지털 음악 역사상 가장 많이 팔린 싱글 중 하나가 되었다.

〈강남스타일〉 뮤직 비디오 속에서 싸이는 역동적이고 익살스러운 몸짓과 표정으로 대한민국에서 가장 상류층들이 모여 산다는 강남을 배경으로 B급 문화 정서를 표현한다. 물론 싸이가 표현한 정서와 문화가 한국문화의 큰 부분을 차지할 순 없고 다소 키치[7]적 속성을 지녔다 하더라도 위키백과의 설명에 나타나 있듯이 전 세계에 한국과 한국문화, 한국 정서에 대한 관심을 유발시켰음은 말할 나위 없고 동아시아 권역에서 주로 영향을 미치던 K-pop을 아시아권을 넘어 전 세계에 알리는 데 기여했음은 분명하다. 싸이의 성공을 모델로 앞으로 한류 문화콘텐츠의 기획이나 스토리텔링 개발을 염두에 두고 있는 이들에게는 경기개발연구원의 김홍식 연구원의 다음과 같은 지적이 시사하는 바가 크다.

"첫째, 한류현상이 한국에 대한 긍정적 이미지를 창출하여 국가브랜드와 외래 관광객의 추가적인 유인 등 긍정적인 측면이 있지만 한류에 내포되어 있는 일방향성 교류(one-way exchange)로 인한 한류수입국에 대한 거부감을 극복할 필요가 있다. 지금까지의 한류는 상대국과의 쌍방적 교류(two-way exchange)보다는 일방적 전파의 성격을 띠고 있어서 상대국의 반발을 사는 경우가 있었다. 따라서 향후 한류의 흐름을 주도하기 위해서는 일방적 전파로 인한 폐해를 방지하고 쌍방 간의 교류를 활성화하기 위해서는 체계적으로 정부와 민간의 협력이 필수적이다.

둘째, 향후 한류의 지속가능성을 담보하기 위해서는 먼저 드라마·

---

7) 키치의 발생 배경은 미학적으로는 낭만주의 예술에서, 사회적 배경으로는 19세기 중반 부르주아 사회의 형성과 예술의 상업화 과정에서 찾을 수 있다. 19세기 말에는 유럽 전역이 이미 급속한 산업화의 길을 걷고 있었을 뿐만 아니라 대중문화의 파급 속도도 빨라 중산층도 그림과 같은 예술품에 관심을 가지게 되고, 그에 따라 미술품이나 그림을 사들이려는 욕구가 강해졌다. 키치는 바로 이러한 중산층의 문화욕구를 만족시키는 그럴 듯한 그림을 비꼬는 의미로 사용하던 개념이다. 그러나 20세기 후반에 들어와 미적 논의의 대상으로서 문화적 의미를 가지게 되었고, 현대에 이르면서 고급문화나 고급예술과는 별개로 대중 속에 뿌리박은 하나의 예술 장르로까지 개념이 확대되어 현대 대중문화·소비문화 시대의 흐름을 형성하는 척도를 제공하기도 한다.
"키치의 사전적 의미는 보통 저급한 것, 가짜, B급문화의 속성을 갖고 있는 것을 의미한다."(〈네이버 지식백과〉 [키치(Kitsch)], 문학비평용어사전, 국학자료원, 2006.1.30)

K-Pop을 뛰어넘어 다양한 장르와 결합한 파생상품의 창출, 명소 클러스터를 통한 관광자원화, 한식·한글·한국 전통문화 등 한류문화 콘텐츠의 OSMU(One Source Multi Use) 및 글로벌 한류노믹스(Hallyu-nomics) 등을 통한 지역경제 극대화로 한류정책의 전환이 필요하다.

셋째, K-Pop 스타나 싸이와 같이 대형스타에 의존하고 킬러 콘텐츠 중심의 한류는 일시적이고 한시적일 수 있기 때문에 쉽게 흐름이 가라앉을 수 있다. 따라서 다양한 장르가 융·복합하는 미래 시대를 대비해 문화예술 전 분야의 협력적 네트워크를 구축, 즉 '시스템 한류'를 구축해 한류의 지속가능성과 한류효과의 극대화를 창출하도록 해야 한다.

끝으로, 싸이 현상과 같은 한류에 의한 경제적 파급효과를 극대화하기 위해서는 관광객의 주머니를 여는 것이 중요하다. 점차 세분화·고급화·차별화되고 있는 관광객 수요에 부응하는 관광 상품의 개발로 외래 관광객의 소비지출을 극대화할 필요가 있다. 관광적 측면에서 쇼핑·한류콘텐츠(명소)·산업인프라·의료(성형)·미용(웨딩·헤어·화장기술) 및 유네스코 문화유산(조선왕릉·수원화성·유교문화유산 등) 지역 내(intra-regional) 및 지역 간(inter-regional)의 다양한 관광 상품의 개발과 협력마케팅이 이루어질 필요가 있다. 특히, 강남명소 마케팅과 함께 수도권 인근 지역과의 네트워크 마케팅이 지자체간의 협력에 의해 이루어진다면 강남지역의 자원 한계를 극복하고 자원간의 네트워크 경쟁력을 강화시킴으로써 외래 관광객의 지속적인 유치에 도움이 될 것이다."[8]

---

8) 김흥식, "B급 문화의 반란, 싸이 현상과 한류", 경기개발연구원(GRI), 이슈열린광장, 2013.

〈강남스타일〉콘텐츠의 메인 스토리텔링 전략이 B급 문화정서를 통한 주류사회에 대한 해학적 풍자라는 것에 많은 이들은 동의한다. 여기에 역동적인 영상과 경쾌한 사운드, 대중과의 소통을 용이하게 만든 말춤, "오빠, 강남스타일"이라는 후렴구 반복 등은 시종일관 눈을 떼지 못하게 하였다. 아울러 이 뮤직비디오의 플랫폼이 전 세계 어디에서나 누구라도 손쉽게 클릭해 볼 수 있는 〈유튜브〉라는 점도 성공을 부른 주요 요인이다.

〈강남스타일〉콘텐츠의 스토리는 강남이라는 배경과 어울리지 않는 B급 문화의 배치를 골격으로 한다. 대한민국에서 성공하고 출세한 사람들이 모인다는 강남에 전혀 어울릴 것 같지 않은 모습을 한 싸이가 회전목마를 타고 말춤을 추면서, 그리고 화장실 안에서 "뛰는 놈 그 위에 나는 놈, 나는 뭘 좀 아는 놈"이라고 외쳐댄다. '말'이라는 동물이 상징하는 섹슈얼리티를 말춤으로 끌어안고, 화장실 변기 위에서 "뭘 좀 아는 놈"이라고 외쳐대는 싸이의 모습은 다소 유치하게 선정적이면서 동시에 카타르시스를 느끼게 한다. 그리고 이런 B급 정서가 보는 이들에게는 유쾌함과 더불어 일종의 위안 같은 걸 선사한다. 이 같은 강남스타일의 스토리는 철저하게 계산된 영상과 사운드라는 디지털 스토리텔링의 옷을 입음으로써 온전히 빛이 났다. 그리고 강남스타일의 성공은 어쩌면 디지털 시대에 이런 B급 문화를 포장하는 콘텐츠들이 성공할 수 있는 가능성이 많지 않을까 하는 기대를 낳게 했고 이후 키치 광고들이 연이어 등장했다.

다음 표9)는 강남스타일의 스토리텔링 전략과 성공요인을 키치적 표현과 문화복제 이론인 '밈(meme)'10)을 통해 일목요연하게 정리한 것으로 콘텐츠의 기획과 제작, 마케팅에 도움이 되는 분석이다.

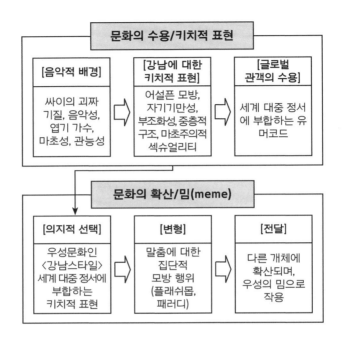

표에서 알 수 있듯이 강남스타일의 키치적 표현은 새로운 영상 매체인 유튜브와 SNS를 통한 '밈'의 복제성으로 이어져 세계 곳곳에서 플래쉬몹과 패러디 영상 같은 집단적 모방 행위를 유발시킴으로써 공간적 제약을 벗어난 세계 대중의 일체적 카타르시스를

---

9) 이현석, 「싸이의 영상 뮤직비디오'강남스타일'에 드러난 키치(Kitsch)와 밈(Meme)에 대한 탐구」, 『한국콘텐츠학회논문지』 Vol. 13, 2013, 153쪽.

10) 밈(meme)은 모방과 같은 비(非)유전적 수단을 통해 전달되는 문화 요소 또는 문화전달 단위를 말한다. 영국의 진화생물학자 리처드 도킨스(Richard Dawkins)가 자신의 책 『이기적 유전자』에서 처음으로 개념화한 '밈(meme)'은 '모방'이라는 의미를 갖는 그리스어 '미메메(mimeme)'에서 따온 용어다.

제공하며 콘텐츠의 성공을 가져왔다.

강남스타일의 키치적 속성에 대해서는 많은 이들이 지적하는 바이고 이런 키치적 표현을 다루는 스토리텔링이 이후 국내 광고계에서 대박을 쳤다는 것도 널리 알려진 일이다. '의리'를 내세우는 음료광고나 '싸다'를 연신 외쳐대는 소셜커머스 업체 광고, 여성들에게 연방 싸다구를 맞으며 싸다는 것을 강조하는 소셜 쇼핑 광고 등 일련의 키치적 광고 확산은 대중문화에도 적지 않은 영향을 미쳤다. 그리고 최근에 문화콘텐츠 각 장르에서 큰 인기를 끌었던 〈세시봉〉이나 〈건축학 개론〉, 〈써니〉, 〈응답하라 1997〉과 같은 복고 열풍은 일종의 문화복제인 '밈'의 한 유형이라고 말할 수 있다. 스마트폰을 웹이 더 많은 웹을 퍼뜨리기 위한 장치로 간주하여 '밈'의 적용에 성공한 스티브 잡스처럼 복제를 통해 창의적 융합을 만들어낸다면 문화콘텐츠 각 장르에서 '밈'의 응용은 확산될 것이다.

문화콘텐츠가 산업으로서 수익을 극대화하기 위해서는 무엇보다도 콘텐츠 스토리텔링의 기획 단계부터 고려되는 '원소스 멀티유즈(OSMU, One Source Multi Use)'이다. '원소스 멀티유즈'라는 말뜻 그대로 하나의 소스로 상품화 품목의 다변화를 일으켜 수익을 창출하는 것을 말한다. 다음의 표는 문화콘텐츠의 '원소스 멀티유즈' 구조를 종합적으로 체계 있게 정리한 표이다.

수평적 Muti use (window effects)

		영화/애니메이션	Free TV	케이블위성 TV	Pay TV	영화	비디오 DVD
원천콘텐츠	거점콘텐츠	네트워크/인터랙티브	Pc게임	온라인게임	콘솔게임	모바일게임	휴대용 게임
		캐릭터 MD	완구	의류	프랜차이징	Tie-in	수직적 Multi use
		출판	소설	COMICS	FILM COMICS	일러스트북 등	
거점콘텐츠	원천콘텐츠	음악	음반	공연	벨소리 서비스	다운로드 서비스	뮤직비디오

수평적 멀티유즈	수직적 멀티유즈
Low Lisk Low Conversion Cost 신규시장 개발 효과 적음 (대체로 시간적인 계열화)	High Lisk High Conversion Cost 신규시장 개발 효과 큼 장르간 계열화

〈신동윤, 「문화콘텐츠 상품기획」 중에서〉

문화콘텐츠 스토리텔링의 성공적 사례로 든 〈앵그리 버드〉나 〈강남스타일〉 역시 원소스의 성공뿐 아니라 멀티유즈에서도 엄청난 수익을 창출하였다. 원소스 멀티유즈를 고려하기 위해서는 우선 TV, 극장, 스마트폰 등 파괴력 있는 '거점 윈도우'가 존재해야 한다. 이때 '윈도우'라는 용어는 콘텐츠의 다변화가 이루어져 대중에게 보이는 매체가 여러 가지일 때 이것을 컴퓨터 윈도우에서 여러 개의 창을 띄우는 것과 같다 하여 생겨난 용어이다. 이러한 효과를 '창구 효과(Window Effect)'라고 한다. 예를 들면, 원소스인 만화가 성공하고 이것을 바탕으로 애니메이션이나 영화, OVA[11] 등이 제작되어 각 장르가 동시에 대중에게 공개되어 상호 원원하며 지속적으로 수익을 창출할 때 이것을 창구 효과라 한다. 원소스 멀티유즈를 하기 위해서는 전환비용도 중요한데 적은 전환비용이

---

11) OVA(Original Video Animation): TV방송이나 영화 상영 없이 오로지 소매로 파는 상업용 애니메이션.

초기 리스크를 줄이는 데 효과적이다. 또한 최근에는 글로벌 마켓을 염두에 두고 원소스 멀티유즈를 고려한다.

원소스를 멀티유즈하는 중심에 바로 스토리텔링이 있다. 스토리텔링은 원소스 멀티유즈를 이루는 데 있어 캐릭터의 정체성이라든지, 캐릭터 이미지, 내러티브 등이 다변화된 콘텐츠들에서 상호 연동될 수 있도록 한다. 원소스 멀티유즈의 성공 사례는 상당히 많은데 대표적으로 디즈니사의 애니메이션들을 들 수 있다. 한 예로, 디즈니가 오리지널 스토리를 갖고 제작한 〈라이온 킹〉은 영화, 공연, spin-off, 캐릭터 상품, 음반, 비디오 게임 등 여러 가지의 멀티유즈를 성공시켰다. 2011년에는 1994년 오리지널 영화를 3D 변환작업을 통해 3D 애니메이션 영화로 개봉되기도 하였다.

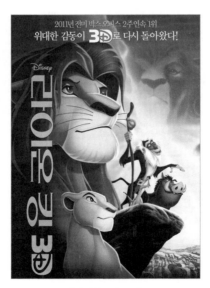

〈라이온 킹 3D〉

2016년 최고의 문화상품으로 평해지는 KBS 드라마 〈태양의 후예〉는 대박을 친 문화콘텐츠 성공작으로 국내는 물론 중국을 비롯한 해외에서도 열풍을 일으키며 주춤해지던 한류의 붐을 다시 일으켰다. 드라마 콘텐츠의 성공과 더불어 '치맥'과 같은 음식생활문화까지 유행하여 수많은 중국인들이 치맥을 즐기게 되었고 또 한국에서 치맥을 즐기기 위해 한국을 찾게 되었다.

KBS 2TV 공사창립특별기획 〈태양의 후예〉

〈태양의 후예〉가 성공한 데는 송혜교나 송중기 같은 톱스타를 비롯한 호화캐스팅과 130억원에 달하는 영화투자배급사로부터의 대규모 제작비지원이 큰 역할을 하였지만 무엇보다도 짜임새있는 스토리와 탄탄한 기획에 따른 사전 제작이 대표적인 성공요인으로 꼽힌다. 〈태양의 후예〉는 블록버스터급 휴먼 멜로 드라마 콘텐츠로 중앙 아시아 가상 국가 우르크를 배경으로 전쟁과 질병으로

얼룩진 기상 이변 속에서 낯선 땅에 파병된 군인과 의사들을 통해 극한 상황 속에서의 사랑과 전우애, 휴머니즘 등을 담은 작품이다. 한국콘텐츠진흥원은 2009년부터 시작한 '대한민국 스토리 공모대전'을 통해 출판, 방송 관련 우수작품을 발굴했는데, 김원석 작가의 〈태양의 후예〉도 바로 이 진흥원의 'K-스토리' 발굴사업의 지원을 받은 작품이다. 이 스토리가 드라마로 콘텐츠화되면서 김은숙 작가가 합세하여 멜로와 휴머니즘을 적절히 섞은 스토리라인에 액션까지 가미해 대중성을 얻으며 남녀 모든 시청자의 취향에 부합한 것이다. 드라마 콘텐츠로서의 태양의 후예는 그리스 현지 로케를 통한 아름답고 스케일 있는 영상과 폐광을 활용한 우르크라는 가상국가 세트장, 한참 주가를 올리고 있는 스타들의 열연과 톡톡튀는 대사, 가슴에 스미는 OST 등 여러 요소들이 스토리 흐름과 잘 어울어지는 디지털 스토리텔링의 성공적인 사례이다.

최근에 자신이 접한 인상적인 콘텐츠의 스토리텔링 전략을 분석해 보자.

콘텐츠 제목	
콘텐츠 장르	
주요내용	

스토리텔링 분석

what's your story?

2.
엔터테인먼트에서 일상생활까지

놀이적 경쟁의 정신은
문화 그 자체보다도 오래된 사회적 충동이며
마치 효소처럼 모든 생활에 스며들어 있다.
—요한 하위징아, 『호모 루덴스(Homo Rudens: A Study of the Play-Element in Culture)』에서

　최근 스토리텔링은 다양한 분야에서 활용된다. 모든 콘텐츠 저작물은 물론 비즈니스나 일상생활 곳곳에서도 스토리텔링이 쓰이지 않는 곳이 없다. 그리고 각각의 스토리텔링은 그 활용 용도에 맞춰 제각기 다른 전략과 구성방식을 갖는다. 이렇듯 다양한 스토리텔링을 유형화하여 분류한다는 것 자체가 쉬운 일은 아니지만, 여기서는 일반적인 분류에 따라 간단하게 정리하고 각각의 구체적인 사례를 분석해 보며 스토리텔링에 대한 이해를 하도록 하자.

스토리텔링 유형			
엔터테인먼트 스토리텔링	인포메이션 스토리텔링	비즈니스 스토리텔링	일상생활 스토리텔링
소설, 동화 만화, 웹툰	인포테인먼트 전시, 축제	광고 브랜드	음식 의복

영화, 드라마	테마파크	상품	건축
방송	다큐멘터리	디자인	농수산물
애니메이션	에듀테인먼트	기업경영	제조업(공산품)
게임	데이터베이스	소셜 마케팅	서비스업
공연	인터넷콘텐츠		기타
	가상현실		

표에서 보면, 엔터테인먼트 스토리텔링은 오락성을 갖고 재미와 감동을 추구하는 성격이 강하고, 인포메이션 스토리텔링은 재미있게 정보를 전달하려는 목적을 갖는다. 비즈니스 스토리텔링은 각종 기업들이 활용하는 스토리텔링으로 요즘 모든 기업들은 이야기로 상품을 파는 마케팅에 관심을 쏟고 있다. 엔터테인먼트나 인포메이션, 비즈니스의 카테고리에 포함될 수 없는 관광 서비스업을 포함한 기타 스토리텔링도 우리의 일상 곳곳에서 활용되고 있다.

기자를 거쳐 문화콘텐츠 기획 창작자로 활동하고 있는 장삼용은 『전방위 문화기획자를 위한 스토리텔링 쓰기』에서 드라마, 영화, 뮤지컬, 게임, 만화와 같은 엔터테인먼트 장르들의 기본적인 스토리텔링 문법을 이야기한다.

"대본이 핵심인 드라마 스토리텔링은 주 시청층인 주부들의 마음을 읽어야 한다. 제작자들이 '막장 드라마'란 욕을 먹으면서도 이혼, 불륜, 고부 갈등, 출생의 비밀 등의 구태의연한 소재를 포기하지 못하는 이유가 이 때문이다. 주부들이 목욕탕에서, 미용실에서, 식당에서 수다 떨기 좋은 이야기를 만들어내야 하는 것이다.

영화는 100분 내외의 한정된 시간에 관객들이 현실을 잊고 몰입하도록 만들어야 한다. 이 한정된 시간이 드라마와 다른 문법을 요구한다. 장면 하나, 대사 한 마디조차 경제적이어야 하며 임팩트가 있어야 한다. 러닝타임과의 처절한 싸움이다. 그래서 하나의 중심사건을 놓고 굵고 강한 영상을 만들어내는 것이 영화의 스토리텔링 문법이다.

뮤지컬은 타깃 층이나 시간적 제약이라는 면에서 영화에 가깝다. 뮤지컬도 시간적으로 엄청난 압박을 받는다. 시간도 시간이지만, 공간도 한정돼있다. 뮤지컬의 공연 시간은 대개 1부 80분, 2부 60분으로 총 약 140분이다. 여기에 20여 곡 내외의 뮤지컬 넘버(뮤지컬 곡을 표시하는 단위)가 들어가기 때문에 이를 뺀 나머지 시간 내에 스토리 전개가 이루어져야 한다.

게임은 공간성의 엔터테인먼트다. 유저는 게임 속에서 다양한 공간을 여행하며 점유한다. 인간의 투쟁적인 본능을 경기로 승화시킨 것이 스포츠라면, 게임은 온라인상에서 이런 욕구를 만족시켜준다. 게임에선 이야기가 시간의 흐름에 따라 진행되지 않는다. 공간의 연결에 의해 이루어지기 때문에 게이머가 이르지 못한 공간은 '아직 발생하지 않은 사건'과 같다. 만화 원작의 게임들은 만화의 세계관, 모티브, 캐릭터 등을 빌려 와 새롭게 확장한다."

이상과 같이 엔터테인먼트 장르들의 기본적인 스토리텔링 문법을 얘기한 후, 장삼용은 만화에서 출발해 영화, 드라마로 확장된 〈식객〉을 수용자의 조건에 따라 변주되어 성공한 사례로 들고 있다.

"2002년부터 동아일보에 연재된 허영만 작가의 만화 〈식객〉은 트럭에서 식자재를 파는 주인공 성찬이 겪는 에피소드를 연재만화로 그린 것이다. 성찬은 고정된 장소에서 장사하거나 식당에서 음식을 파는 주인이 아니기 때문에 매번 다양한 음식, 그에 얽힌 사람들의 사연을 만날 수 있다. 진짜 주인공은 성찬이 아니라 음식과 사람이다. 2007년에 개봉된 전윤수 감독의 영화 〈식객〉은 철저하게 영화라는 미디어로 접근해 스토리텔링을 시도했다. 약 110분의 러닝타임 동안 스토리를 압축하고 관객을 몰입시키기 위한 구조로 개조하여, 요리사 성찬과 봉주가 피터지게 대결하도록 했다. 누가 선이고 누가 악인지가 아주 분명하게 드러난다. 만화 〈식객〉에서 요리의 장인으로 등장하는 봉주는 영화에서는 장인 정신도 없을뿐더러 승리를 위해 수단과 방법을 가리지 않는 비열한으로 거듭난다. 대령숙수의 칼을 이어받을 진정한 후계자를 정하는 요리 대결이 등장하고, 영화의 모든 등장인물은 성찬 혹은 봉주의 편에 줄을 선다. 양다리나 회색지대는 허용되지 않는데, 제작진은 등장인물에게 '이긴 자가 전부 갖는다'는 룰을 적용하고 있다. 최완규 작가의 대본에 의한 드라마 〈식객〉은 24부작으로 편성되어 성찬, 봉주, 진수, 주희 등 네 남녀가 운암정을 중심으로 음식을 통해 사랑, 갈등, 화해, 용서를 겪는 모습을 그렸다. 이렇듯 미디어에 따라 어디에 포인트를 두고 있는가가 확연히 드러난다. 만화 〈식객〉이 추구하는 것은 최고의 맛과 그것에 담긴 추억이다. 영화가 추구하는 것은 대령숙수의 칼이다. 드라마는 화해와 용서, 사랑을 추구한다."[1]

물론 다른 관점도 있겠지만, 필자가 생각하는 엔터테인먼트 스

---

1) 장삼용, 『전방위 문화기획자를 위한 스토리텔링 쓰기』, 해냄, 2010, 110~122쪽에서 발췌 인용.

토리텔링의 키워드는 '캐릭터'와 '플롯'이다. 고전에서부터 비롯된 이루어질 수 없는 사랑이야기나 신데렐라 스토리, 성취담, 복수극, 영웅이야기, 심지어 요즘 드라마에 자주 등장하는 막장 스토리에 이르기까지 비슷한 소재와 비슷한 이야기를 갖고도 캐릭터를 어떻게 그려내느냐에 따라, 혹은 플롯을 어떻게 교묘하게 엮어내느냐에 따라 콘텐츠의 성패는 갈린다.

플롯과 인물이 개연성과 필연성이 있는 사건을 통해 함께할 수 있음에 대해서는 이미 오래전에 아리스토텔레스가 언급하였다. 사실 플롯에 대해 이야기할 때 많은 이들이 고대 그리스의 철학자 아리스토텔레스의 『시학』을 거론한다. 그것은 아리스토텔레스가 극적으로 잘 짜여 진 작품이 어떻게 관객을 움직이는지를 잘 설명하고 있기 때문이다. 아리스토텔레스의 『시학』을 현대적으로 쉽게 풀어 설명한 마이클 티어노는, 아무렇게나 칠한 채색화는 단순한 흑백 초상화보다도 관람객에게 즐거움을 주지 못한다는 아리스토텔레스의 비유를 인과관계로 연결된 사건을 통하여 하나가 된 플롯은 바로 한 인간의 모습을 온전히 그려낸다는 것으로 풀이한다. 여기서 가장 중요한 것은 플롯 행동이 그리고자 하는 주인공의 가장 깊숙한 욕망과 이어져 있어야 한다는 것이다. 마이클 티어노는 이것을 "플롯이 생명이다"[2]라는 말로 표현하였다.

2014년 여름 극장가에서는 대작 한국영화 4편의 개봉이 큰 기대 주였다. 〈군도〉, 〈명량〉, 〈해적〉, 〈해무〉가 그것인데 그 중 승자는

---

2) 마이클 타이노, 김윤철 옮김, 『스토리텔링의 비밀: 아리스토텔레스와 영화』, 아우라, 2008, 66쪽.

〈명량〉으로 1,700만을 넘기는 관객을 동원하여 한국영화 최다 관객수 기록을 갱신했다. 사실 개봉 전 4편 중 가장 기대를 모은 것은 〈군도〉였고 이 작품의 포스터가 공개되자 작품에 대한 대중의 관심은 엄청났다. 그러나 막상 개봉을 하고 콘텐츠를 접한 대중들의 감상평은 지극히 낮은 평점에 그쳤고, 입소문 역시 긍정적이지 못할 즈음 〈명량〉이 개봉을 하면서 〈군도〉는 수면 아래로 잠수하고 말았다. 이런 결과가 발생한 원인에 대해 나름의 분석들이 있지만 분명한 것은 〈군도〉는 단지 캐릭터만을 앞세우고 플롯이 치밀하지 못했다는 평에 누구나 고개를 끄덕인다는 것이다. 매력적이고 인상적인 캐릭터는 콘텐츠의 성패를 끌어갈 만큼 중요한 요소이지만 콘텐츠 내에서 따지고 보면 캐릭터는 플롯을 잘 이어나가고 효과적으로 전달하는 수단이다. 캐릭터의 존재이유와 캐릭터의 행동은 플롯 안에서 설정되기 때문이다. 물론 플롯에도 사건 중심의 플롯이 있고, 캐릭터 중심의 플롯이 있어 캐릭터를 강조하기도 하지만, 캐릭터 중심의 플롯이라 할지라도 행동의 플롯을 간과하면 이야기는 느슨해지고 집중력이 떨어진다. 〈군도〉는 캐릭터 열전이라 불러도 좋을 만큼 다양한 캐릭터들을 배치시키고 그 중심에 주인공과 대립적 캐릭터를 세워 놓은 것 까지는 충분히 흥미로웠으나 플롯 자체가 캐릭터 탄생과 소개에 치우쳤다. 인간이 만들어낼 수 있는 스토리 개수에 대한 분류를 인용하면, 『인간의 마음을 사로잡는 스무 가지 플롯』을 쓴 로널드 B. 토비아스는 20개, 18~19세기 극작가 카를로 고치와 조르주 폴티는 36개, 소설가 키플링은 69개라고 했다. 이는 추구, 모험, 구출, 복수, 라이벌, 희생자, 사랑, 발견 등의 플롯을 더 세분화하느냐 합치느냐의 차이다.

배트맨이나 스파이더맨처럼 할리우드 영웅이야기들의 정형화된 영웅 캐릭터들이 사건 중심의 플롯을 강화시켜 시리즈물을 만들어내듯이 〈군도〉 같은 콘텐츠도 창조된 캐릭터에 플롯의 변화를 통해 시리즈를 만들 수 있는 가능성은 있다.

작품성이나 완성도에서 그다지 높은 평가를 받지 못한 〈명량〉의 성공에서 볼 수 있듯이 캐릭터를 창조하는 데 있어 역사적으로 존재했거나 실제 현실에 존재하는 극적인 인물을 활용하는 것은 비교적 안전한 기획이다. 〈명량〉이 콘텐츠에 대한 평론가 평점은 낮은데 비해 대중들의 열렬한 지지를 끌어낼 수 있었던 것은 대중이 원하는 진정한 지도자 이순신 장군이라는 위인의 힘이었음은 부인할 수 없다. 거기에 혁혁한 공을 세우고도 모함을 받아 고문당해 쇠약해진 몸과 12척의 배만을 갖고 수백 척을 보유한 왜군을 상대하는 상황은 그 자체가 극적일 수밖에 없다.

2015년에 개봉되어 천만관객을 훌쩍 넘어선 〈국제시장〉과 〈암살〉, 2016년에 개봉된 〈인천상륙작전〉의 성공, 작은 영화로 시작했으나 대중의 감정에 크게 어필한 〈동주〉, 〈귀향〉, 다소 왜곡논란은 일으켰으나 예상을 뒤엎고 흥행에 성공한 〈덕혜옹주〉 등에서도 볼 수 있듯이 역사적으로 존재했던 극적인 사건이나 인물을 소재로 하는 스토리텔링은 안전하고 매력적인 기획이 될 수 있음을 알려준다.

역사 속 인물을 다루어 성공한 콘텐츠들은 수없이 많다. 소설이나 영화, 연극, 뮤지컬 등 콘텐츠의 장르를 불문하고 엔터테인먼트 스토리텔링에서 역사 속 인물은 계속 캐릭터화되고 있다. 역사 속

인물을 인상적인 캐릭터로 가공하여 짜임새 있는 사건의 플롯 속에 살아 숨 쉬게 만듦으로써 세계적으로 성공한 대표적인 콘텐츠로 영화 〈아마데우스〉를 꼽을 수 있다.

우리에게 〈에쿠우스〉와 〈블랙 코미디〉의 작가로 잘 알려져 있는 영국의 극작가 피터 셰퍼는 모차르트가 사망한 1790년대부터 세간에 퍼졌던 야담인 '살리에리의 모차르트 독살설'과 러시아 문학가 푸시킨의 〈모차르트와 살리에리〉에 착안해서 희곡 〈아마데우스〉를 완성하였다. 〈아마데우스〉는 연극으로 공연되어 호평을 거뒀으며 1984년에는 극작가 자신의 각색과 밀로스 포먼 감독에 의해 영화로 제작되었다. 영화 속에서 모차르트와 살리에리라는 두 역사적 인물은 가공된 허구의 이야기를 효과적으로 전개한 사건의 플롯 속에서 인상적으로 캐릭터화된다. 세종의 훈민정음 창제에 얽힌 이야기를 실제 존재했던 역사 속 인물들과 허구적 인물, 실제 존재한 '고금통서'라는 비기와 허구적 이야기 등을 잘 가공함으로써 사건의 플롯 속에 살아 있는 캐릭터를 창조한 팩션 드라마 〈뿌리깊은 나무〉처럼 영화 〈아마데우스〉 역시 잘 만들어진 팩션이다.

〈아마데우스〉는 갈등을 기조로 하는 사건의 플롯 속에 핸디캡을 가진 두 대립된 캐릭터를 활용하여 관객이 인물들의 내면을 들여다보게 한다. 천재 모차르트는 음악적 천재성을 제외하고는 우스꽝스러운 행동과 괴팍한 성격, 파더 콤플렉스로 약점이 많은 인물이다. 영화 클라이맥스에서 살리에리는 부친에 대한 두려움을 갖고 있는 모차르트에게 저승사자인 것처럼 꾸미고 모차르트 아버지의 가면을 쓰고 레퀴엠을 의뢰한다. 결국 모차르트는 파더 콤플렉스라는 상처가 살리에리에 의해 덧나게 되면서 죽음에 이르게 된다. 영화는 늙은 살리에리의 외침과 자살시도에 이어 병원으로 실려 간 그가 자신을 방문한 신부와 대화를 나누는 것으로 시작된다. 살리에리의 작품은 알지 못하고 단지 모차르트의 작품만을 알고 있는 신부와의 대화에서 우리는 살리에리의 상대적 열등감과 심적 갈등을 엿볼 수 있다. 모차르트와의 첫 만남부터 이어지는 사건의 플롯 속에서 살리에리는 "신은 내가 음악을 찬미하는 것을 바라지도 않으면서 왜 그런 욕망을 갖게 했을까? 욕망을 가지게 했으면 재능도 주셨어야지"라고 탄식할 만큼 상대적 열등자로서의 내면의 상처를 드러낸다. 살리에리의 이 상처는 질투와 욕망으로 무장되어 결국 천재인 모차르트를 죽음으로 몰았고 그 죽음에 대한 죄책감으로 살리에리 자신까지 파멸시킨다.

치밀하게 계산되어 촘촘하게 짜여 진 플롯과 감독의 드라마틱한 연출로 플롯 속에서 생생하게 활동하는 캐릭터—특히 주인공 모차르트를 연기한 배우의 경박하고 요란한 웃음소리는 캐릭터의 특성을 단적으로 드러내는 데 한 몫 하였고, 살리에리를 연기한 배우의 연기도 훌륭했다—, 거기에 이미 현대인들의 사랑을 듬뿍 받는 모차르트의 주옥같은 명곡들이 배경에 깔린 〈아마데우스〉는 엔터테인먼트 스토리텔링의 아주 좋은 본보기가 된다.

엔터테인먼트 콘텐츠에 나타난 혁신적인 스토리텔링 사례를 하나 더 소개하자.

해외에서나 국내에서나 해마다 빠지지 않는 공연이 고전발레 〈백조의 호수〉일 것이다. 러시아 민화 줄거리에 차이코프스키의 음악을 기본으로 한 발레 〈백조의 호수〉는 1877년 벤젤 라이징거의 안무로 모스크바 볼쇼이 극장에서 처음 공연되었다. 그러나 안무의 평이함으로 인해 좋은 평가를 받지 못했고, 이후 마리우스 프티파와 레프 이바노프의 안무가 지금까지 우리에게 잘 알려진 고전 발레 〈백조의 호수〉이다. 이들의 안무는 1985년 러시아 상트페테르부르크 마린스키 극장에서 초연되어진 이후 세계 대부분의 발레단에 의해 공연되어 온 고전 발레의 대표적인 작품으로 차이코프스키의 서정적이고 환상적인 음악과 여성 발레리나의 우아하고 섬세한 테크닉을 바탕으로 남녀의 진정한 사랑을 표현한다. 이 고전발레를 영국의 안무가 매튜 본은 혁신적으로 재창조하여 공연계에 센세이션을 불러 일으켰다. 1995년에 초연되었으며, 우리나라에도 네 차례나 내한하여 전회 전석 매진 기록을 남긴 바 있는 매튜 본의 〈백조의 호수〉는 공연계에서의 그의 위상을 높여주고 명성을 가져다주었을 뿐 아니라 공연 판도를 바꾸어 놓는 계기가 되었다. 우아하고 아름다운 여자 백조가 아닌 섹시한 근육을 가진 남자 백조들의 역동적이고 강인한 앙상블에 부정적인 비평도 많았지만 관람객의 대다수는 새로운 창작물에 매혹되었다. 심지어 백조를 연기한 무용수 아담 쿠퍼는 대중의 인기에 힘입어 문화의 아이콘이 되었다. 고전 발레가 일부 계층에서만 향유할 수 있는 문화였던 반면, 매튜 본의 〈백조의 호수〉는 모든 사람을 위한 공연 콘텐츠가 되었다. 그리고 이 공연이 2012년에 3D 영상 콘텐츠로 제작되어 일반 극장에서 상영됨으로써 대중들에게 한 발 더 다가가는 계기가 마련되었다. 3D 콘텐츠로 나타난 백조의 호수는 생생하고 놀랄만했는데, 활기가 넘치는 무대의 임팩트가 고스란히 전해지고, 모든 것이 더욱 힘차게 느껴진다. 무용수들 주위에서 창조되는 공간의 환영은 보는 이들로 하여금 더욱 더 깊이 몸짓들에 취하게 만들며, 위에서 아래로 촬영된 댄서들의 움직임과 속도는 긴장감과 더불어 친밀감마저 전달한다. 그리고 무엇보다도 극도로 클로즈업된 샷들은 보는 이로 하여금 캐릭터의 리얼리티와 드라마틱한 스토리텔링을 전하는 매튜 본의 서사 댄스에 빠져들게 한다. 입체 영상은 왼쪽 눈이 보는 각도의 왼쪽 영상과 오른쪽이 보는 각도의 오른쪽 영상을 각각의 눈이 독립적으로 동시에 볼 수 있기만 한다면, 뇌에서 두 영상을 결합하여 입체로 해석하는 원리이다. 따라서 지나친 입체 효과는 눈의 피로를 가중시키고 스토리의 흐름을 방해하기도 한다. 매튜 본 자신의 3D에 대한 이해가 선행된 탓에 백조의 호수 3D에서는 비교적 무난하게 영상물의 예술적 표현, 기호, 문법들이 지켜졌으며 공연물보다 뒤처지는 영상물의 입체감과 공간감 또한 효과적으로 살아났다.

제임스 카메론 감독의 〈아바타〉가 성공한 이후로 전 세계적으로 3D 입체 콘텐츠에 대한 관심이 높아졌다. 여러 편의 3D 영화들이 개봉되었고, 스마트 TV에서는 3D 드라마도 볼 수 있는 시대가 되었다. 3D 콘텐츠 역시 스토리 자체의 매력적인 서사구조에 입체 효과를 부각시키는 기술을 접목하는 것이 올바른 접근이라 하겠다. 물론 〈아바타〉처럼 처음부터 3D 영상물로 기획되어 제작된 콘텐츠와 〈타이타닉 3D〉와 같이 이미 존재하는 콘텐츠물을 3D 컨버팅에 의해 3D 콘텐츠로 전환시킨 작품에서 느껴지는 깊이감은 다르다. 그러나 지나치게 매체의 특성에 의존적이 되어선 안 된다. 3D 입체라는 것도 결국은 스토리텔링 툴로 이해해야 한다.

최근 매튜본은 고전 동화를 각색하여 현대무용과 뮤지컬이라는 두 장르를 융합한 콘텐츠 〈댄스 뮤지컬 '잠자는 숲속의 미녀'〉3)를 무대에 올려 세계적으로 호평을 얻고 있다. 원래 〈잠자는 숲속의 미녀〉는 14세기경 두 미상의 작가가 쓴 책에서 이야기가 전해졌는데, 우리에게는 1697년 프랑스 작가 샤를 페로가 쓴 동화가 원작으로 알려져있다. 이것은 강간, 불륜, 식인 등의 소재가 들어있는 잔혹동화였고 이후 1812년 그림형제에 의해 잔인한 부분들이 모두 제거되고 해피엔딩으로 끝나는 현재 우리가 알고있는 이야기로 정리되었다. 러시아의 작곡가 차이코프스키는 이 동화에 매료되어 잔인한 이야기는 삭제하고 아름다운 스토리로 각색해 발레음악을 완성하였고 이것이 지금도 해마다 여러 발레단에서 정기적으로 공연되는 발레곡 〈잠자는 숲속의 미녀〉이다. 고전발레를 재창조하는 데 탁월한 능력을 지닌 매튜본은 〈백조의 호수〉에 이어 〈잠자는 숲속의 미녀〉도 현대무용으로 재탄생시켰다. 그런데 단지 현대무용이라는 단일 장르가 아닌 최근 문화 예술계의 트랜드인 융합 예술로서 댄스뮤지컬이라는 장르로 선보인 것이다. 원작과 뱀파이어 이야기의 결합으로 만들어낸 스토리, 발레와는 다른 파워풀한 안무, 화려한 무대와 의상 등의 스토리텔링은 실로 대중들에게 종합선물세트 같은 충족감을 안겨준다. "감정적인 진실을 다루는 매튜본의 탁월함과 익숙한 내러티브에 대한 신선한 접근은 이 작품으로 하여금 전혀 새로운 방식으로 반향을 일으키게 만들었다"라고 언급한 뉴욕타임즈 비평이 이 콘텐츠의 창의성을 입

---

3) 매튜본의 〈댄스뮤지컬 잠자는 숲속의 미녀〉 공연은 2016년 6월 22일부터 7월 3일까지 LG아트홀에서 공연되었다.

증한다.

　인포메이션 스토리텔링의 목적은 정보전달이다. 그러나 단순한 정보전달이 아니라 재미있게 정보를 전달하거나 혹은 오래도록 기억에 남도록 정보를 전달하려는 것이 현재의 추세이고 그러기에 이야기가 필요해진다. 인포메이션 스토리텔링의 하위 장르로는 인포테인먼트, 전시, 축제, 테마파크, 다큐멘터리, 에듀테인먼트, 데이터베이스, 인터넷콘텐츠, 가상현실 등을 들 수 있는데 이 하위 장르는 각각 독립적으로도 기능하지만 많은 경우에 융합되어 스토리텔링 된다.

　'전시'는 시각을 비롯한 우리의 감각기관을 자극하여 정보를 전달하는 특징을 갖는다. 예전의 전시가 배치의 효과만을 염두에 두었다면 최근에는 단순한 배치가 아닌 전시의 목적이나 테마에 따른 이야기를 만들어 정보를 전달하려 하는데 이것을 전시 스토리텔링이라 한다. 발전하는 기술로 인해 점점 더 디지털 스토리텔링이 확대되면, 언제인가는 정해진 전시 공간 안에서의 향유를 넘어서 전시 공간의 구획 자체가 없어질 수도 있을 것이다. 대중은 각자 자신의 집에서 웹 디지털 스토리텔링에 의해 전시에 관련된 정보들을 선택하여 가상현실로 경험할 수도 있을 것이다. 혹은 스마트폰 앱을 통한 전시에서 이야기를 만들어가고 정보를 공유할 수도 있을 것이다. 이렇게 발전하는 테크놀로지에 대한 지속된 관심과 전시 향유자들에 대한 이해를 바탕으로 전시 스토리텔링은 진화할 것이다.

　디지털 스토리텔링이 효과적으로 이루어진 전시의 사례로 필자는 〈Science Show the Body〉4)를 들겠다. 전시회 측이 광고한 이 전시회에 대한 소개는 다음과 같다.

  "입체영상과 가상현실, 증강현실 기술을 이용한 오감체험 입체과학 탐험관 SCI-TEX!

  어려운 과학용어와 복잡한 원리는 이제 그만!!

  어른들도 이해하기 어려운 과학이라는 주제를 첨단 스마트기술과 몰입형 스토리텔링을 통해 직접 체험합니다. SCI-TEX는 생생하고 흥미로운 오감체험형 에듀테인먼트를 제공합니다."

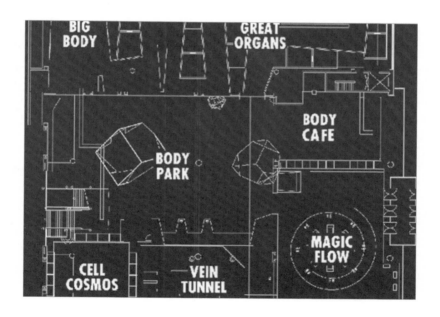

---

4) 〈Science Show the Body〉는 2013년 4월 5일부터 2014년 3월 2일까지 용산 전쟁기념관 전시실에서 열린 전시회이다.

평면도에서 알 수 있듯이 전시회는 6개의 전시관에서 각각 인체의 신비를 3D로 즐기며 오감체험을 통해 정보전달과 나아가 교육적 효과까지 갖도록 함으로써 매우 강렬하고 효과적으로 전시의 목적을 달성하였고 가상현실, 증강현실, 에듀테인먼트, 거기에 3D 기술까지 융합시켜 전시 스토리텔링의 지평을 넓혔다.

가상현실(Virtual Reality)이란 가상의 세계에 구현된 현실로서 컴퓨터로 합성되는 공간 속으로 들어가는 기술이고, 증강현실(Augmented Reality)이란 현실세계에 구현된 가상의 물체로서 가상을 실제 위에 중첩시키는 혼합현실 기술이다. 가상현실 연구가로 도쿄대학 정보기술 과학대학원 교수인 히로세 미치타카는 가상현실의 특성으로 컴퓨터 세계 속으로 몰입하는 것을 의미하는 현존(presence), 가상의 대상들과 상호작용 하는 것을 의미하는 인터랙션(interaction), 그 대상들과 상호작용하는 데 다양한 감각을 사용하는 다감각 인터페이스를 들고 있으며, 가상현실 기술은 오감과 밀접한 관련이 있어 일본에서는 '오감정보기술'로 불린다고 말한다. 히로세 미치타카는 이러한 기술들이 궁극적으로 전시를 포함하는 디지털 공공예술에 적절하게 활용될 수 있음을 자신이 수행한 사례를 통해 입증하고 있다.[5]

가상현실과 증강현실, 증강가상을 이용한 오감체험, 3D 공간, 에듀테인먼트나 인포테인먼트적 구성 등을 융합하는 전시스토리텔링은 앞으로 점점 더 늘어날 전망이다.

현실에 없거나 불가능했던 것을 존재하게 하고 체험하게 하는

---

5) 히로세 미치타카, 「가상현실 2.0과 디지털 공공예술」, 진중권 엮음, 『미디어 아트: 예술의 최전선』, 휴머니스트출판그룹, 2011, 117~133쪽.

것은 확실히 현 사회의 대중들에게 판타지를 충족시켜줄 수 있다. VR 헤드셋처럼 최근 급작스럽게 가상현실에 대한 대중의 관심이 높아졌고, 구글, 애플, 삼성전자 등 글로벌 IT 기업들과 페이스북도 '가상현실' 경쟁에 뛰어들었다. 가상현실은 단지 전시스토리텔링에 활용되는 것뿐 아니라 게임스토리텔링에서 큰 역할을 한다. VR의 선두주자라 일컬어지는 오큘러스는 2012년 비디오 게임에 VR을 적용하는 기술을 개발하는 크라우드 펀딩 벤처기업으로 시작했다. 현재도 게임 콘텐츠의 스토리텔링에서 핵심 기술로 VR이 활용되고 있음은 분명하지만, 오큘러스를 인수한 페이스북의 대표 마크 저커버그의 생각처럼 앞으로 VR은 게임을 비롯하여 교육, 문화 다방면에서 다양한 콘텐츠 스토리텔링에 더욱 더 활용될 전망이다. 한 예로 '가상현실 보도'라는 새로운 콘텐츠를 내놓은 뉴욕타임스의 VR앱은 흥미롭다. 스마트폰용 소프트웨어(앱) 'NYT VR'를 내놓고 뉴욕타임스 신문 구독자들에게 스마트폰에 덧씌워 360도로 촬영된 영상을 볼 수 있는 구글의 저가 VR 도구 '카드보드'를 나눠 줬는데, 구글이 싼값에 내놓은 가상현실(VR) 체험기기 '구글 카드보드'는 골판지로 만들어져 스마트폰에 씌워 쉽게 VR체험이 가능하다. 첫 시리즈로 공개된 전쟁 난민 아이들의 이야기를 담은 영상물 '난민'은 뉴욕타임스의 VR보도 스토리텔링의 방향을 제시했다.

"NYT VR: How to Experience a New Form of Storytelling From The Times"[6]라는 타이틀로 뉴욕타임즈에서 출시한 VR 모바일 앱

---

6) http://www.nytimes.com/2015/11/08/magazine/nyt-vr-how-to-experience-a-new-form-of-storytelling-from-the-times.html?_r=0

은 헤드폰을 통해 현장에 있는 듯한 소리를 듣고, 눈 앞에 펼쳐지는 360도 영상을 보면서, 가상 현실 스튜디오를 직접 시청하도록 돕는 새로운 콘텐츠이다.

'축제'는 민족 문화적, 혹은 지역 문화적 특성을 가장 잘 표현하는 행사이다. 따라서 성공적인 축제 스토리텔링은 단순한 이벤트성 행사로 끝나는 것이 아니라 지역 경제의 활성화와 인지도 상승에 큰 효과를 갖는다. 단순한 소재보다 콘텐츠가 있고 차별화된 이야기는 참여자의 이해와 호감을 불러일으키기 쉽고 공감의 폭이 넓어진다. 또한 개인의 좋은 기억과 만족도는 재방문으로 연결되는 경우가 많고, 주위 사람에게 입소문으로 전달되어 인지도를 높이는데 일조한다. 우리나라의 보령시에서 개최하는 머드축제는 외국인들에게까지 널리 알려진 성공사례로 꼽힌다. 보령 지역의 특화된 진흙을 활용하여 스토리텔링을 잘 개발한 체험형 콘텐츠가 성공을 가져온 것이다. 각 지역마다 우후죽순으로 개최되는 대다수의 축제들이 그간 성공하지 못한 것은 그저 몽골텐트를 쳐놓고 특산품이나 먹거리를 판다든지, 지자체장의 인사말이나 연예인의 공연, 홍보물 배부 등의 천편일률적인 진행이 사람들의 주목을 끌지 못하였기 때문이다. 보령 머드축제에서 보듯이 축제에도 이야기를 만들어야 하며 또한 참여자 모두가 이야기의 주인공이 되는 체험형 콘텐츠 개발이 필요하다. 이외에도 지역의 설화나 풍습, 민속 등과 같이 각 지역에 산재한 전통 소재를 이야기로 만들어 반영하는 지역문화 축제 스토리텔링 개발도 권장된다.

'다큐멘터리(documentary)'는 사실의 기록을 뜻한다. 〈추적 60분〉이나 〈그것이 알고 싶다〉 같은 시사 다큐멘터리를 비롯하여 내셔널 지오그래프나 BBC 채널에서 보여주는 다양한 자연 다큐멘터리, 환경 다큐멘터리, 역사 다큐멘터리, 인물 다큐멘터리, 문화 다큐멘터리, 의학 다큐멘터리, 교육 다큐멘터리 등 다큐멘터리의 하위 장르 또한 다양하다. 우리나라에서는 다큐멘터리가 그다지 주목받지 못하였으나 근래 들어 대중의 관심을 끌고 있으며 최근에는 다큐멘터리 영화도 빈번하게 만들어지고 있다. 다큐멘터리의 기능이 기록을 보존하고 정보를 전달하는 것이지만 그러한 기능을 넘어서서 재미나 감동까지도 줄 수 있도록 하는 데 스토리텔링은 큰 역할을 한다. 〈아마존의 눈물〉을 보면서 전혀 다른 환경과 문화에 속한 사람들을 이해하고 〈화씨 911〉을 통해 무자비한 전쟁에 대한 비판의식을 끌어낼 수 있었던 건 콘텐츠의 스토리텔링이 성공한 때문일 것이고 이러한 다큐 콘텐츠의 파급력은 대중문화 흐름에까지 영향을 미친다. 다큐멘터리 연출가로 유명한 안태근은 자신의 저서에서 다음과 같이 말하는데 어쩌면 이것이 진정성 있는 다큐멘터리 스토리텔링의 기본일지도 모르겠다.

"다큐멘터리의 기능은 인간의 순수성을 찾아주는 일이다. 그것은 우리 삶의 실상을 가감 없이 다룰 수도 있지만 우리가 추구하는 지상의 아름다움을 예술적으로 승화시킬 수도 있다. 이러한 다큐멘터리가 추구하는 것은 바로 선(善)의 경지이다. 인간이 이루고자 하는 최상의 세계, 지극한 정성으로 빚어낼 가치가 있는 그런 이야기들이다. 물론 사회에 해악이 되는 추악한 사실들을 고발하는 다큐멘터리도 있지만 그 기획은 선의 마음에서 출발한다. 곧 인류 최고의 진선미를 추구하는 것이다. 그런 아름다운 세상을 만들어 가고자 하는 것이 바로 다큐멘터리이다."7)

〈워낭소리〉(2009)와 〈님아, 그 강을 건너지 마오〉(2014)가 대중으로부터 호평을 받으며 성공한 콘텐츠로 자리매김했고, 이승준 감독의 〈달팽이의 별〉이 2011년 '제24회 암스테르담 국제다큐멘터리 영화제'에서 장편경쟁부문 대상을 받으며 한국 다큐의 힘을 세계에 증명했다. 그리고 이 같은 작품들의 스토리텔링 기본에는 바로 안태근이 이야기하는 아름다운 세상을 만들어가고자 하는 진정성이 녹아 있다.

오렌 펠리 감독의 〈파라노말 액티비티(Paranormal Activity)〉(2007)는 페이크 다큐멘터리다. 모큐멘터리(mock documentary)라고도 하

---

7) 안태근, 『나는 다큐멘터리 PD다』, 스토리하우스, 2010, 26쪽.

는 가짜 다큐멘터리인 것이다. 1시간 30분 정도의 〈파라노말 액티비티〉는 그 아이디어를 보자마자 스티븐 스필버그가 판권을 사들였다고 하는데 8살부터 귀신을 보는 여자와 카메라를 사서 진실을 찾아가려는 남자의 이야기다. 오프닝 자막에서 이 영화는 사실에 근거한다고 하고, 마지막까지 자막은 실존 인물인 "케이티 행방을 찾을 수 없다"고 하며 사람들을 속인다. 저예산으로 흥행에 성공했으니 대중을 제대로 속인 셈이다. 원래 풍자와 패러디를 위해 영화에서 사용된 페이크 다큐멘터리는 단지 풍자와 패러디의 페이소스만을 위해 사용되지는 않는다. 호러영화 〈카니발 홀로코스트(Cannival Holocaust)〉(1979)는 기록영화를 찍는 스태프들이 아마존에서 겪는 끔찍한 사건을 사실인양 홍보하여 선정주의 마케팅까지 벌였으나 끔찍하게 잔인한 영상과 상업주의로 비판받았다. 정치 사회 풍자와 패러디의 대가로 유명한 마이클 무어 감독의 다큐 영화 〈화씨 911〉(2004)이 나오자 이와 유사하게 정치문제를 다룬 진지하고 무거운 페이크 다큐 〈대통령의 죽음〉(2006)도 만들어졌다. 개봉 당시 비록 네티즌 평점은 낮았지만, 부시 대통령의 암살사건을 다룬 이 페이크 다큐는 당시의 정치 사회 이슈에 대한 직선적 도발 대신 우회하는 방법을 택한 스토리텔링이다. 최근 페이크 다큐멘터리는 자유롭게 상업화되고 있다. 카자흐스탄의 TV 리포터가 선진 문화를 배우러 미국에 가서 벌이는 여러 가지 사건들을 기록한 코미디 〈보랏〉(2006)은 페이크다큐의 극단을 보여주었고, 영화의 전 장면이 디지털 핸드 헬드 카메라로 촬영된 괴물 공포 영화 〈클로버필드〉(2008)가 흥행에 성공했다. 우리나라에서도 MBC에서 드라마와 휴먼다큐를 결합한 모큐드라마 〈여자는 무엇으로 사는가〉(2012)를 실험작으로 내놓은 바 있고, 케이블 TV를 중심으로 〈싸인〉(2013~)을 비롯하여 다양한 모큐멘터리들이 나오고 있다.

네덜란드의 문화사학자인 요한 하위징아(Huizinga, Johan)는 자신의 저서 『호모루덴스(Homo Ludens:A Study of the Play-Element in Culture)』에서 놀이는 문화의 한 요소가 아니라 문화 그 자체가 놀이의 성격을 지니고 있다고 주장하며 인간에 대한 그간의 정의인 '호모 사피엔스(생각하는 인간)'나 '호모 파이버(공작하는 인간)'와 차별되게 인간을 '호모 루덴스(놀이하는 인간)'로 정의하며 다음과 같이 역설한다.

"놀이적 경쟁의 정신은 문화 그 자체보다도 오래된 사회적 충동이며 마치 효소처럼 모든 생활에 스며들어 있다. 의식은 봉헌놀이에서 자라났으며, 시 역시 놀이 속에서 탄생해서 놀이에서 자양을 얻으며 자랐다. 음악과 춤은 순수한 놀이였다. 지혜와 철학은 종교적인 시합에서 유래된 언어와 형식에서 그 표현을 찾았다. 전쟁의 규칙, 귀족생활의 관습은 놀이패턴 위에 구축되었다. 따라서 우리의 운명은 애초에는 '놀이되어진 것'이라는 결론에 이르게 된다."[8]

요한 화이징어의 주장이 아니더라도 문명의 발전을 이루어낸 인간의 미래는 놀이에 주목할 것임을 누구라도 예상할 것이다. 근

8) 요한 하위징아, 김윤수 옮김, 『호모 루덴스』, 까치글방, 1998, 261쪽.

래에 우리는 매우 빈번하게 '테인먼트'라는 말을 주변에서 듣곤 한다. '인포테인먼트'나 '에듀테인먼트'도 그것들 중 하나이다. 놀이라는 의미의 '엔터테인먼트'가 정보라는 의미의 '인포메이션'과 결합하여 생겨난 신조어가 '인포테인먼트'이고 교육이라는 '에듀케이션'과 결합하여 생겨난 신조어가 '에듀테인먼트'이다. 정보전달이든 교육이든 재미있게 즐기면서 목적 달성을 하자는 것인데 문화콘텐츠에서 최근 두드러지게 주목받고 있는 영역이라 하겠다.

한 마디로 정의하면, 지식 및 정보를 오락물의 형태로 전하는 것이 인포테인먼트이다. 여러 학문 분야는 물론이고 일상생활 속의, 식, 주와 관련된 문화 그리고 각종 가전제품 매뉴얼에 이르기까지 인포테인먼트의 범위는 매우 넓다. 제작되는 콘텐츠의 형태도 만화나 웹툰, 게임, 다큐 영상물, 드라마나 영화, 퀴즈 프로그램 등으로 다양하다. 스토리와 서사를 흥미롭게 끌어가며 한식에 대한 지식과 정보를 얻게 한 허영만의 만화 〈식객〉,[9] 흥미진진한 이야기 속에 와인에 대한 전문적인 정보를 담아 와인 신드롬까지 일으킨 일본 만화가 타다시 아기의 〈신의 물방울〉[10] 같은 콘텐츠가 대중적 인기를 누리며 성공한 인포테인먼트 콘텐츠의 예가 된다.

---

9) 만화가 허영만이 2년간의 취재와 준비 끝에 탄생시킨 본격 음식만화. 저자는 이 작품에서 천하제일의 맛을 찾기 위해 팔도강산을 누비는 맛의 협객 '식객'을 창조했다. 식객은 산지에서 나는 최고의 재료를 찾고, 누구도 모르게 간직된 맛의 비법을 찾고, 수십 년 공을 연마한 요리장인의 이야기를 찾는다. 식객이 내놓는 이야기 하나하나에, 독자는 맛과 인생이 똑같은 희비애환으로 버무려져 있음을 알게 된다(교보문고 책소개).

10) 와인평론가 아버지가 남긴 12병의 위대한 와인과 신의 변덕에 의해 탄생한 '신의 물방울'이라는 한 병의 와인을 둘러싸고 벌어지는 욕망에 사로잡힌 인간들의 이야기.

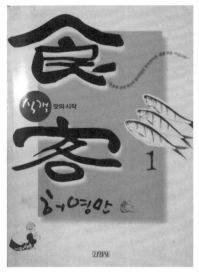

〈식객〉   〈신의 물방울〉

　지루하고 강제적으로 학습해야 하는 지식을 흥미롭고 관심이
가는 재미있는 대상으로 바꿔주는 효과적인 방법은 이야기를 이
용하는 것이다. 따라서 재미있는 이야기 구조에 지식을 섞어 넣는
스토리텔링이 에듀테인먼트 스토리텔링의 특징이다. 과학 상식
도서인 『로빈슨 크루소 따라잡기』는 대표적인 에듀테인먼트 스토
리텔링을 보여준다. 어렵고 지루한 과학 지식만을 전달하는 것이
아니라 소설 형식의 스토리에 무인도에서 살아남기 위해 일상에
서 익힌 과학 상식을 이용해 미로를 통과하는 게임 형식을 접목하
여 흥미를 유발시킨다.

　디지털의 발달과 함께 에듀테인먼트 역시 제작되는 콘텐츠의
종류가 매우 다양해졌다. 통상 디지털 에듀테인먼트 콘텐츠 유형
으로는, 학습게임, 애니메이션, 동화책, 방송 영상 콘텐츠, 공연,

사이버 박물관, 테마파크, 디지털 공간 체험관 등을 들 수 있다. 에듀테인먼트 콘텐츠에서는 너무 오락적이어도 안 되며 그렇다고 교육적 측면에 치중하여 재미를 잃어서도 안 된다. 재미와 교육이 라는 두 가지 요소를 적절하게 조화시켜 스토리텔링하는 것이 무 엇보다 중요하다. 우리나라는 다른 어느 나라보다도 교육열이 높 은 나라이므로 에듀테인먼트 콘텐츠 개발은 앞으로 문화콘텐츠 시장에서 점점 확대될 것이다. 성공한 에듀테인먼트 콘텐츠 사례 로는, 이야기를 통해 한자를 익히도록 한 〈마법천자문〉, 재미있는 만화를 통해 세계 여러 나라의 역사나 문화를 알 수 있는 〈먼 나라 이웃나라〉, 접하기 쉬운 스마트폰 게임앱으로 개발된 게임과 수학 을 결합한 〈돌풍마법 디펜스〉 등 다양한 콘텐츠가 있다.

이제 우리의 일상생활, 의식주 모든 곳에서 스토리텔링이 얘기 되고 있는 시대가 되었다. 사실 흑백 아날로그 시절에 어머니가 싸주시던 도시락에도 스토리텔링은 있었다. 도시락 뚜껑을 열면 하얀 쌀밥 위에 까만 콩으로 점점이 박혀 있던 하트모양, 그것은 어머니의 사랑의 표현 방식이었고 그 도시락을 먹으며 우리는 어 머니의 스토리까지 마음에 품었다. 케이크가 흔하지 않던 시절 초 코파이 위에 초를 꽂아 생일을 축하해주던 친구들의 스토리에 가 슴이 뭉클했었다. 단지 그 시절에는 경제 성장에 매진하고 먹고 사는데 바빠 스토리텔링을 운운할 여유가 없었다. 그러나 지금은 '먹방영상'이 인기를 얻고 있고, 곳곳에서 '푸드 테라피', '푸드 스 타일리스트', '푸드 스토리텔링'이라는 말이 심심찮게 들려온다. 음식에 이야기를 입히는 '푸드 스토리텔링'. 식재료뿐만 아니라 조리법이나 식당 이름까지 이야기를 내세우고, 여러 매체들을 통해서 콘텐츠화되고 있다. 음식과 관련된 흥미로운 이야기를 곁들임으로써 사람들의 마음을 움직이는 것이다. 특히 사회의 유명인이나 성공한 사람들의 스토리를 덧입힌 음식 상품을 개발하는 것은 각 지역마다 유행처럼 되었다. 게다가 SNS 덕에 이런 스토리들은 날개 돋친 듯 순식간에 퍼지고 있으니 크게 돈들이지 않고도 효과적인 홍보를 하는 셈이다. 한 예로, 삼성의 창업자인 이병철 전 회장의 생가 근처에 있는 고기 집은 '부자 한우촌'이라는 상호를 붙여 고기 먹고 기운 차려 열심히 일해서 이병철처럼 부자가 되라는 스토리를 입힘으로써 오픈 이래로 문전성시를 이루고 있다고 한다.

2009년에 한국관광공사는 〈우리 고장 맛 이야기〉를 발간했다. 지역별 대표 음식과 음식점, 인근 관광명소, 특산물 정보를 담았다. 170개 지자체 설문조사와 방문취재, 역사·문화 자료수집, 학계·업계 음식전문가와의 자문회의 등을 통해 완성됐다. 모든 대표음식에 얽힌 흥미로운 이야기를 더해 해당 음식의 매력을 극대화했다.

〈우리 고장 맛 이야기〉

음식에 관한 스토리텔링이 잘 이루어진 콘텐츠로 〈한국인의 밥상〉이 있다. KBS에서 방영되고 있는 음식 다큐멘터리인데, 연륜에 어울리게 푸근한 이미지의 연기자 최불암을 스토리텔러로 내세워 우리나라 방방곡곡, 지역마다의 특별한 음식을 이야기한다. "지리적 환경에 사람들의 숨결과 지혜가 어우러져 역사가 되고 문화로 응축된 것이 바로 그 지역의 대표음식! 대표음식들의 숨겨진 이야기와 역사, 그리고 음식문화 등을 아름다운 영상과 깊이 있는 취재를 통해 매주 한편의 '푸드멘터리'로 꾸며낸다. 시대가 변하면서 요리방식과 맛도 변했다지만 옛 방식을 고집스럽게 이어오며 맛을 지켜 온 사람들의 이야기를 담아낸다. 아름다운 영상, 절제된 화면, 그리고 진부하지 않은 음악, 친근감 있는 프레젠터(지역과 관련된 명사)와 내레이터까지, 이 조합들이 이루어져 최고의 다큐멘터리를 만들어낸다. 한 줌, 넉넉히, 잔뜩이라는 우리 고유의 조리법 속에서 우리 맛의 과학을 찾아낸다."[11]라는 이 콘텐츠의 기획의도에서 이 프로그램이 대중에게 사랑받고 성공한 콘텐츠로 자리매김한 이유를 알 수 있다.

이종원의 『대한민국 숨겨진 여행지 100』에는 소설보다 재미있고 신기한 스토리텔링 여행이 소개되어 있다.

"세금 내는 소나무인 석송령 _ 예천온천 근처 석송령은 부귀, 장수, 상록을 상징하는 반송이다. 600여 년 전 풍기지방에 큰 홍수가 났을

---

11) 〈한국인의 밥상〉 KBS 홈페이지 참조.

때 석관천을 따라 떠내려 온 소나무를 주민들이 심었다고 한다. 일제강점기 때는 군함재료를 위해 이 나무를 베려고 순사가 자전거에 톱과 장비를 싣고 석송령 부근 개울을 건너오는데 갑자기 핸들이 이탈해 순사의 목이 부러져 죽게 된다. 인부들은 순사도 죽은데다 영험한 자태의 소나무를 보자 겁에 질려 달아났다고 한다. 한국전쟁 때는 인민군이 나무 밑에 야전병원 막사를 세웠는데 다른 지역은 비행기 폭격을 받아 피해를 받았지만 석송령 아래는 무사했다고 한다. 1930년 이수목이란 사람이 '영험 있는 나무'라는 뜻으로 석송령이란 이름을 지어주면서 자기 소유의 토지를 상속등기까지 해주었다. 비록 나무이지만 재산을 소유했으니 오늘날까지 세금을 내고 있다. 1985년 석송령마을이 새마을사업 우수마을로 선정돼 500만원 상금을 타자 그 돈으로 석송령장학회까지 만들었으니 '장학금 주는 나무'라는 호칭도 얻고 있다."[12]

위에 소개한 '석송령' 이야기에서도 느낄 수 있듯이 이종원은 국내에서 유일하게 산모를 위한 태교의 숲길이 조성된 '중미산 자연휴양림'이나 예수님처럼 물 위를 걷는 '화천 산소길'과 같은 세간에 잘 알려져 있지 않았던 100곳을 찾아다니며 신기한 이야기를 들려준다. 지자체들이 앞 다투어 자기 지역의 관광 상품을 개발하고 더불어 관광스토리텔링이 대세로 떠오른 최근에 이런 콘텐츠는 스토리텔링의 좋은 모델이 된다.

패션잡지 『VOGUE』의 2014년 11월호에는 '다시 떠오른 패션스

---

12) 이종원, 『대한민국 숨겨진 여행지 100』, 상상출판, 2012, 316쪽.

토리텔링'이라는 제목으로 다음과 같은 기사가 실렸다.

"언제부터 모델들의 캣워크와 셀럽이 패션쇼의 전부가 됐나?
그 많던 이야기와 환상적인 순간들은 다 어디로 사라진 걸까?
사라졌던 스토리텔링이 패션의 수면 위로 다시 떠올랐다.
(…중략…)

활기차고 상냥하게 시작했던 이야기는 우리 자신을 돌아보게 하고, 보다 깊은 성찰로 이끌기도 했다. 마크 제이콥스는 불안과 철학적 사고를 불러일으키는 거대한 분홍집 주위로 우리를 초대했다. 빗자루 같은 검정 가발을 똑같이 쓴 모델들은 밀리터리풍의 옷을 입고 심상치 않은 기운으로 가득한 분홍집 주위를 줄지어 돌았다. 자리마다 놓인 닥터드레 헤드폰에선 단조로운 남자의 목소리가 현악기 소리를 뚫고 들려왔다. "이제 나는 큰 드레스를 입은 소녀가 부츠를 신은 소녀를 따라가길 원한다." "늘 손톱을 물어뜯는 소녀를 내보내라." 타자기 두드리는

소리가 난 다음에 나오는 멘트. "누군가 그 연구에서 타자기를 사용하고 있다." 눈과 귀의 경험과 일치하는 지시 사항은 우리가 감시당하는 듯한 아주 불편한 기분과 불안한 의문(우리의 행동은 얼마나 독립적인가? 도처에서 우리를 감시하고 포착하는 권력과 미디어는 우리의 행동에 영향을 미치는가?)마저 들게 했다.

어쩌면 제이콥스는 단순히 지난 시즌(올겨울 컬렉션에 울려 펴진 제시카 랭의 목소리를 떠올려보라!)부터 매력을 느낀 내레이션의 또 다른 방식으로 이 장치를 고안했는지도 모른다. 중요한 건 관객들 모두 스마트폰에 저장하는 것을 잠시 잊고 온전히 무대에 눈과 귀를 기울였다는 것. 자신뿐 아니라 우리 모두의 솔직한 고백 같은 한마디로 쇼는 끝났다. "너무 많은 것들이 일어나고 있다. 우리는 아무것도 일어나지 않는 곳으로 집을 옮길 수 있을까? 그곳에서 나는 행복할 것이다." 쇼장을 빠져 나온 사람들은 명확하게 설명할 수 없는 감정으로 울렁거리는 가슴을 안고 돌아갔다. 〈워싱턴포스트〉의 패션 저널리스트 로빈 기브핸처럼 말이다. "미학, 음악, 시적인 주문, 그리고 단순한 분홍집으로 이뤄진 짧은 쇼에서 제이콥스는 끝없이 지속되는 불안감을 포착했다. 불분명하지만 뚜렷한 그 무엇. 그 느낌은 절대 사라지지 않는다." 그리고 창의적인 패션 생태계를 계속해서 이어나가는 가장 중요한 요소는 바로 스토리텔링, '이야기'다."13)

---

13) 에디터-패션 에디터/송보라, 사진-Courtesy Photos, "다시 떠오른 패션스토리텔링", 출처-Vogue website, 두산매거진 〈VOGUE〉 2014.11.
http://www.vogue.co.kr/content/view_01.asp?menu_id=02030100&c_idx=012004010000296&_C_=11

디자이너의 옷을 입고 모델들이 런웨이를 걷는 것에 그쳤던 패션쇼를 이야기가 있는 퍼포먼스로 스토리텔링한 대표적인 디자이너로 우리는 알렉산더 맥퀸을 기억한다. 맥퀸의 쇼는 무대와 모델, 음악, 퍼포먼스 등이 통합된 퍼포먼스이고 그 안에 이야기가 담겨 있었다. 단지 패션쇼에서 만이 아니라, '해골무늬'의 상징성이나 '레이디가가 구두'와 같은 명칭에서부터 우리는 그의 이야기가 담긴 패션작품들을 접할 수 있다. 맥퀸의 급작스런 죽음 이후에 더 이상 눈에 띄는 이야기가 있는 패션쇼가 나타나지 않았기에 위와 같은 기사는 반갑다. 『메가 트렌드』의 저자이며, 앨빈 토플러와 함께 미래학의 양대 산맥으로 군림하며 금세기 최고의 세계적인 미래학자로 널리 알려진 존 나이스비츠(John Nibistt)는 '21세기의 키워드는 세계화, 기술, 여성'이라고 지적했다. 어느새 지구촌은 세계화도 이루어졌고, 기술도 급속도로 발전중이니 이제 여성으로 눈을 돌려야 한다면, 여성들이 가장 관심을 갖고 있는 부분 중 하나인 패션에도 적극적으로 스토리텔링을 입혀야 할 것이다. 게다가 새로운 여성상을 제시하는 '콘트라섹슈얼'이나, 도시 남성들까지도 패션이나 미용에 관심을 크게 갖는 '메트로섹슈얼'이 키워드로 검색되는 시대니 말이다.

한때 인기 있는 예능 프로그램에 출연한 연예인이 앤디 워홀의 그림이 프린트된 티셔츠를 입고나와 검색어에 오르기도 했지만 그전부터 앤디 워홀이라는 이름은 인터넷이나 방송에서 자주 나타났었다. 일상에서 누구나 먹고 마시는 캠벨수프나 코카콜라를 예술 작품이 될 수 있게 만든 그에 대해서 『21세기 창조적 인재의 롤모델 앤디워홀 이야기』를 엮은 이혜경은, 예술을 행하는 방법에 창의성을 발휘한 게 아니라 예술 자체에 창의적인 시각을 투과함으로써 예술의 세계를 확대시켰다고 볼 수 있으며 바로 이 점이 앤디 워홀을 21세기가 원하는 창조적 인재의 롤모델이라 부를 수 있는 이유라고 말한다. '팝 아트'14)의 대가인 앤디 워홀은 '팩토리'라 이름 붙인 자신의 작업실에서 일상적이고 상업적인 제품들을 예술 작품으로 스토리텔링하고, 그곳에 모여드는 수많은 사람들을 대상으로 영화를 만들며 일상과 예술의 경계를 허물었다. 또한 새로운 스타일의 잡지 〈인터뷰〉를 발간하였으며 〈앤디 워홀 텔레비전〉이라는 콘텐츠를 제작해 미디어에 도전함으로써 오늘날 화두가 되고 있는 다양성과 컨버전스의 실천가였다. 워홀의 콘텐츠 산실인 '팩토리'의 모습과 그곳에서 이루어진 여러 작업들은 영화 〈팩토리 걸〉(2007)에 잘 나타나 있다.

---

14) 팝아트는 소비사회와 대중문화의 이미저리와 기술들을 활용했던 20세기 예술운동이다. 1950년대 후반 추상표현주의에 대한 반동으로 일어났고, 1960년대와 1970년대가 전성기이다. 팝아트는 형상을 주로 하는 이미저리와 캠벨 수프 캔, 4단 만화, 광고처럼 우리가 일상에서 늘 보는 대상들을 재생한다. 이 운동은 순수 예술과 상업 예술을 좋은 취향과 나쁜 취향이라고 구분을 짓던 경계선을 허물었다(아서 단토, 박선령 옮김, 이혜경 엮음, 『21세기 창조적 인재의 롤모델 앤디워홀 이야기』, 명진출판, 2010, 126쪽).

인포메이션 스토리텔링을 적용한 콘텐츠를 기획해 보자.

장르	
제목	
기획의도	

스토리텔링 전략

3.
SNS, 소통과 창작의 새 패러다임

나는 이 글을 읽고 있는 독자들이
연말, 연초에 작성하는 버릴 물건 리스트처럼 직접
사회의 쓰레기에 대한 리스트를 만들기를 권한다.
우선 공무원들과 독점기업들,
그들의 회계사들과 공인 중개사들,
분리수거 대상의 신문들과 방송매체의 리스트를 만들어 보자.
올해는 대대적인 대청소의 해가 될 것이다.
우리 모두 청소부가 되자!
쓰레기통을 쓸모없는 쓰레기들로 가득 채우자!

—베페 그릴로, 『진실을 말하는 광대』에서

아침에 눈을 뜨면 손을 더듬어 스마트폰부터 찾는다. 밤새 확인 못한 카카오톡 메시지를 확인하고 날씨를 알아본 후 그날 입을 옷을 결정한다. 등굣길이나 출근길에는 스마트폰으로 웹툰을 보거나 이어폰을 꽂고 음악을 듣는다. 혹은 태블릿PC로 인터넷 강의를 보거나 전자책을 읽는다. 스마트폰이나 태블릿PC에 메모를 하고, 알고 싶은 것은 바로 바로 검색을 한다. 자투리 시간에는 스마트폰 게임을 하거나 동영상을 보면서 시간을 때운다. 페이스북이나 트위터와 같은 SNS를 통해 세상 곳곳에서 일어나는 일을 실시간으로 알 수 있으며 또한 먼 곳에 있는 친구와도 바로 바로 소통할 수 있다. 인터넷이 만들어낸 가상공간 덕에 언제 어디서나 일을 할 수 있는 유비쿼터스의 시대에 우리는 살고 있다. 그러나 디지털의 급격한 발전과 함께 정보가 범람하고 개인의 사생활 노출이 많아지면서 이에 대한 우려의 목소리 또한 만만치 않다. CCTV, 스마트폰의 위치 추적기능, 페이스북, 트위터, 블로그와 같은 SNS에서의 추적, 빅데이터 기술 등에 의한 추적은 우리의 일거수일투족을 소상하게 드러나게 할 수 있다. 따라서 정보 사회에서 인간을 편리하게 해주고 쉽게 소통하게 해주는 기술이 역으로 인간의 삶을 통제하고 감시하는 수단이 될 수 있는 것이며, 여기에서 '디지털 파놉티콘(Digital Panopticon)'이라는 개념도 생겨났다.

파놉티콘은 영국의 공리주의 철학자 제레미 벤담(Jeremy Bentham)이 죄수를 효과적으로 감시할 목적으로 1791년에 설계한 원형 감옥이다. 중앙에 높은 감시탑을 세운 후, 죄수들의 방은 감시탑의 둘레를 따라 원형으로 만들도록 설계된 것인데, 미완의 설계에 그쳤던 것이 프랑스 철학자 미셸 푸코(Michel Foucault)의 저서 『감시와 처벌』에 언급되면서 다시금 세상의 주목을 끌었다. 미셸 푸코는 저서에서 파놉티콘을 현대 권력의 감시체제 원형으로 소개하였다. 항상 존재하며 대중을 철저하게 감시하고 있으면서도 자신의 모습을 드러내지 않는 권력이 사람들로 하여금 자신이 항상 감시받고 있다는 의식을 갖게 하여 감시의 효과를 지속적으로 유지시켜 준다는 것이다. CCTV, 위치 추적, 키보드 입력, e-메일 등의 데이터가 기록되고 로그로 남기 때문에 디지털 시대의 IT 문명은 푸코가 언급한 파놉티콘과 같은 기능을 수행하므로 우리는 디지털 파놉티콘의 시대를 살고 있다. 그러나 역으로 다수의 사람이 권력을 들여다보는 '시놉티콘(Synopticon)'도 가능해졌다. 노르웨이의 범죄학자 '토마스 매티슨(Thomas Mathiesen)'은 언론과 통신을 통해 대중이 소수 권력자를 감시할 수 있는 사회가 도래했다며,

이러한 권력을 '시놉티콘(Synopticon)'이라고 칭하였다. 시놉티콘은 파놉티콘과 달리 소수의 감시자와 대중이 동시에(syn) 서로를 보는 것을 의미한다. 인터넷의 개방, 공유, 참여의 정신은 대중에 의한 권력의 감시와 견제를 불러왔고, 사회를 수평적 구조로 변화시키는 데 기여하고 있으니 성숙한 SNS 활용은 개인끼리는 물론 기업, 국가와의 쌍방향 소통에 일조하고 긍정적 이득을 가져올 것이다.

'사회관계망'이라고도 칭해지는 SNS는 이재현이 쓴 『멀티미디어』에 의하면, 웹 사이트라는 온라인 공간에서 공통의 관심이나 활동을 지향하는 일정한 수의 사람들이 일정한 시간 이상 공개적으로 또는 비공개적으로 자신의 신상 정보를 드러내고 정보 교환을 수행함으로써 대인관계망을 형성토록 해 주는 웹 기반의 온라인 서비스로 정의될 수 있다. SNS 이외에 소셜 미디어, 소셜 소프트웨어, 마이크로블로그 등 다양한 용어들이 혼용되고 있지만, 마케팅 기원을 가지고 있는 소셜 미디어나 기술적 측면이 강조되는 소셜 소프트웨어 등에 비해 SNS라는 용어가 보다 중립적이고 포괄적인 것 같다.

콜롬비아대 사회학자 던컨 왓스(Duncan Watts)는 페이스북과 같은 SNS의 성공엔 노출증(exhibitionism)과 관음증(voyeurism)이 큰 역할을 했다고 진단했다. 사람들은 자신을 표현하는 걸 좋아하는 동시에 그만큼 남들에 대한 호기심도 강하다는 것이다. SNS가 젊은 층에서 압도적 인기를 누린 이유도 바로 그것이었다. 자신의 정체성 만들기에 집중할 때인 젊은 층은 크게 달라진 환경에서 이전 세대와는 비교할 수 없을 정도로 자기표현에 적극적인데, 바로 이

런 정서가 SNS의 폭발적 성공을 견인했다는 것이다.[1]

인터넷 서비스의 주류가 된 SNS는 단지 특정 지역이나 특정 관계에만 국한되지 않고 나라 전체, 나아가 전 지구적이며 전 계층에 미칠 수 있는 영향력을 가졌다는 점에서 최근 들어 커뮤니케이션은 물론 마케팅에도 적극 활용되고 있는 실정이다. SNS는 개인의 신상정보 공개와 친구나 동료, 지인들의 관계 공개에 따른 정보수집에 용이하고, 의견이나 정보를 게시하여 공유할 수 있으며 발달하는 모바일 시스템에 맞추어 모바일 지원까지 가능하다. 따라서 SNS는 어찌 보면 가장 효과적이고 빠르게 소통하고 정보를 알리고 자신이나 단체, 제품, 기업 등을 알릴 수 있는 통로가 될 수 있으므로 최근 이러한 SNS를 활용한 스토리텔링이 부각되는 것도 당연한 일이다.

2014년 '대한민국 SNS 대상'에서는 맥도날드가 기업부문 종합대상을 수상했다. 홈페이지의 설명에 의하면, '대한민국 SNS 대상'이란 헤럴드경제와 (사)한국소셜콘텐츠진흥협회가 기업이나 공공기관의 블로그, 페이스북, 트위터, 미투데이, 카카오스토리 등의 SNS 활용지수(SNSI)를 측정함으로써, 잘 활용하고 있는 기업 및 공공기관을 소개하고 올바른 기준을 제시하기 위해 제정된 상이다. 이 대상은 조직에서 고객들과 소통하기 위하여 SNS를 잘 활용하고 있는 기업/공공기관을 부문별로 시상함으로써, 조직의 SNS 활용 온라인 홍보부문의 경쟁력확보와 지속적인 개선 동기를 부여

---

1) 강준만, 『대중문화의 겉과 속』, 인물과사상사, 2013, 178쪽 인용.

하기 위하여 지난 2011년 제정되었다. 이번에 종합 대상을 수상한 맥도날드는 2013년 12월에 SNS 채널을 개설하여 고객과의 친밀감 증대와 소통을 강화하였다. 맥도날드의 채널 운영 스토리텔링은 'STORY'와 'SHARE & SYNERGY'이다. 'STORY'는 브랜드의 소식을 발 빠르게 전하고 고객이 맥도날드를 더욱 즐겁게 즐길 수 있는 공감형 콘텐츠로서, 2014년 소치 올림픽 기간 동안에는 한국 경기 당시 맥딜리버리 서비스를 통해 맥도날드를 즐기는 모습을 인증샷으로 올리는 이벤트와 올림픽을 더욱 즐겁게 즐기는 방법을 소개했다. 2014 FIFA 브라질 월드컵에서는 간단한 월드컵 퀴즈를 매주 시리즈 형태로 제공하며 유저가 지속적으로 즐길 수 있는 콘텐츠를 제공하기도 했다. 또한, 맥도날드의 다양한 제품을 활용해 일상에서 느낄 수 있는 즐거움을 선사하기도 했는데, 퀴즈나 미니게임을 통해 누구나 참여할 수 있도록 하며 제품을 더욱 맛있게 즐기는 법을 알려주어 맥도날드의 또 다른 매력을 보여주며 유저들의 뜨거운 반응을 이끌어냈다. 'SHARE & SYNERGY'는 고객이 신규 제품을 경험하고 다양한 이벤트를 통해 신규 제품에 흥미를 가질 수 있는 콘텐츠이다. 진행된 캠페인으로는 '행운버거' 출시를 기념한 '금빛 행운을 잡아라'와 1955버거 출시를 기념한 '세상의 모든 1955'가 있다. 소셜 미디어를 기반으로 진행하며 다양한 매체 및 매장의 매출이 효과적으로 시너지를 냈다는 점에서 성공적인 캠페인이었다.[2]

맥도날드뿐 아니라 '대한민국 SNS 대상'의 각 부문에 선정된 기

---

2) "2014 대한민국 SNS 대상 기업부문 종합 대상-맥도날드", 차이 인사이트/차이 Campaign 2014/10/31(http://artistchai.tistory.com/211) 기사 인용.

업이나 공공기관의 효율적인 SNS 활용사례는 앞으로의 SNS 스토리텔링 방향에 대한 팁을 제공한다.

최재용의 『함께 쓰는 SNS 이야기』에서는 스토리텔링을 위한 블로그 운영자의 글 쓰는 자세에 대해서 소개하고 있는데, 진실성과 사명감을 갖고 성실하게 써야 하고, 감각이 아닌 감동을 전해야 하며, 상대방의 입장에 서서 바라보고, 독서량을 늘려야 할 것 등을 주문하고 있다. 글을 잘 쓰기 위해서는 먼저 너무 잘 쓰려고 욕심 부리지 말아야 하며, 항상 메모하는 습관을 가지고 눈에 보이는 것을 보이는 대로 써보고, '왜?'라는 질문을 끊임없이 던지면서 기자처럼 사고하고 기자처럼 써 보는 것 역시 필요하다. 또한 말하는 것을 그대로 글로 옮겨보고, 블로그 지수에 연연하지 않고 좋은 콘텐츠를 만드는데 집중하면서 많이 쓰다 보면 어느새 글 솜씨도 좋아진다.

위키트리 대표인 공훈의가 쓴 『SNS는 스토리를 좋아해』에는 SNS에서의 글쓰기 및 그림이나 사진, 동영상, 움짤, 차트, 설문조사 등 다양한 요소들로 스마트하게 스토리텔링하는 법이 자세하게 나타나 있다.

"글을 쓰지 말자, 이 책에서 말하고 싶은 최대의 화두는 이것이다. 더 나아가 '글을 쓴다'는 표현을 아예 사용하지 말자는 것이다. '글을 쓰자'고 하면 정말로 '글'부터 쓰기 때문이다. 스마트폰, 태블릿 PC와 같은 스마트 기기로 콘텐츠를 소비하는 스마트 시대에 스토리텔링의 시작은 글을 쓰지 않는 것이다."

"지금껏 '글'이라고 하면 이 글을 구성하는 텍스트와 사진 등의 보조 매체를 모두 한 덩어리로 보고 한 편의 글로 간주했다. 그러나 스마트 시대에는 사정이 다르다. 글은 글대로, 그 속에 삽입된 사진이나 그래프, 동영상 등 모든 요소도 그 자체로 각각 소비된다. 그 요소 하나하나가 나름대로의 정보를 가지고 별도의 채널을 타고 확산된다. 이 요소들 '삽입'된 것이 아니라 '임베디드(embedded)'돼 있기 때문이다. 거꾸로 말하면 스마트 시대의 스토리텔링에 쓰이는 모든 요소에는 '임베디드'가 핵심적인 조건이 되고 있다."

"스마트 스토리텔링에서 동영상 클립은 마치 양날의 칼과 같다. 강력한 효과를 발휘하기도 하지만 동시에 잘못 사용하면 스토리텔링 전체를 망치기도 한다. 스토리텔링 속에 임베디드된 동영상을 정확한 방법으로 활용해야 하는 이유다. 동영상을 제대로 활용하려면 먼저 고정관념을 버려야 한다. 동영상 편집은 어렵다는 고정관념 말이다. 사진을 찍고 터치업을 하는 것이 글쓰기보다 쉬워졌듯 동영상 편집도 누구나 쉽게 할 수 있다."[3]

길고 전문적인 글쓰기를 하지 않고도 쉽게 또 어떤 미디어보다 빠르게 소통할 수 있는 것이 트위터일 것이다. 이지선·김지수는 『디지털 네이티브 스토리』에서 다음과 같이 트위터가 새로운 소통도구로 부상한 이유를 설명한다.

---

3) 공훈의, 『SNS는 스토리를 좋아해』, 메디치미디어, 2014, 8·57·100쪽.

"140자 이내의 메시지에서는 제 아무리 전문가라도 자신의 전문지식을 뽐내기 어려웠고, 결국 보통 사람도 남의 눈치 보지 않고 손쉽게 자신의 생각과 근황을 올릴 수 있기 때문이었다. 그러다보니 트위터에서는 레스토랑에서 맛있는 음식을 먹고 있다거나, 유명한 곳에 구경 왔다 등의 신변잡기적 소식에서부터 언제 어디서 모인다는 번개 모임 공지 성격의 글까지 모든 종류의 짧은 메시지들이 통용된다. 사고소식이나 희귀 혈액형 급구와 같이 긴급하게 전파해야 할 여러 소식들도 트위터(리트윗)를 타고 넘실 넘실 퍼져 나간다. 소소한 정보들의 짧은 폭발, 그것이 바로 트위터다."4)

SNS 스토리텔링에서 가장 보편적인 방법은 짧은 인상적인 글과 함께 실제 사진이 소개되는 것이다. 장시간 들여다보는 것이 아니라 자투리 시간에 잠깐 잠깐씩 보고 지나가는 속성상 긴 글보다는 짧은 글이 읽기에 편하고 또 짧은 글이라도 인상적이어서 뇌리에 남게 하거나 다른 관계자들과 공유하며 실제 사진으로 시각적 효과와 신뢰감까지 얻게 되면 그야말로 파도타기와 같이 순식간에 입소문을 타게 되는 것이다. 최근 줄을 서서 사기까지 하는 '허니버터칩'과 같이 특히 먹는 제품의 경우는 SNS를 통해 인기 제품이 나오기까지 한다. '먹다'와 사진 공유 SNS인 '인스타그램'의 합성어인 '먹스타그램'이란 신조어가 생겨난 것도 이런 흐름에 기인한다. 소비자들이 먹은 음식 사진을 SNS로 공유하는 경우가 많아지면서 인스타그램에 음식이나 과자제품 등을 맛있게 먹는 사진을

---

4) 이지선·김지수, 『디지털 네이티브 스토리』, 리더스하우스, 2011, 72~73쪽 인용.

스토리텔링하여 먹스타그램 열풍을 불러온 것이다.

"사람들의 흥미를 통해 사람들을 연결한다."라는 슬로건을 내세우며 2010년 3월 베타사이트가 오픈된 이래 최근까지 급속도로 성장을 하고 있는 핀터레스트는 이미지 기반의 서비스로 스토리텔링을 진행하는데, 특히 꾸미기를 좋아하는 여성 사용자들을 겨냥하여 홈데코와 패션 등 여성들이 좋아할 만한 카테고리가 이미지 형식으로 나열되어 있어 쇼핑을 한다는 느낌으로 관심 있는 이미지를 둘러보는 많은 여성들의 관심을 받고 있다. 페이스북이나 트위터와는 달리 무척 단순한 핀터레스트는 글을 만들어 내기 위해 고민할 필요 없이 그저 자신이 좋아하는 대상에 대한 사진을 찍거나 다른 사람이 올린 사진을 모으기만 해도 될 정도로 이미지에만 집중하고 업로드하면 된다. 만일 관심사를 비즈니스로 활용한다면 핀터레스트는 더욱더 현재 내가 하고 있는 분야에 대해 홍보를 할 수 있다는 장점을 가지고 있다.

미래창조과학부가 주최하고 한국인터넷진흥원 주관으로 열리는 2014 대한민국 온라인광고대상에서는 제주항공이 최우수상을 수상했다. 수상작은 '이민호 SNS 무비 캠페인'이다. 이민호 SNS 무비 영상은 '이용자 참여형'으로 기획되어 참여자가 이민호와 함께 영상 속의 주인공이 돼 제주항공 모바일 앱을 이용해 항공권을 예매하고 필리핀 세부로 출국, 제주항공 자유여행객 전용라운지에서 여행정보를 얻어 둘 만의 자유로운 여행을 즐긴다는 내용이다. 이 콘텐츠는 이용자의 단순한 참여가 아니라 직접 주인공이 되는 스토리텔링으로 '자유여행을 하는데 편리한 항공사'라는 메시지를 잘 전달하였다. 제주항공 관계자는 "감성적 커뮤니케이션을 통해 제주항공이 갖고 있는 자유여행객을 위한 다양한 서비스를 소비자에게 알리는 데 초점을 맞춘 작업이었다"며 "특히 국내 최초로 모바일을 활용한 이용자 참여형 인터랙티브 무비 구현으로 소비자와의 접점을 극대화했다"고 말했다.5)

2014년 11월에 부산시에서 주최한 '톡톡부산 나눔장터: 나누고 삽시데이' 이벤트도 스토리텔링이 재미있다. 잘 쓰지 않는 물건을 SNS를 통해 가까운 친구들과 무료로 나누는 이벤트를 얼마 전에 미국에서 유행한 '아이스버킷'6)챌린지에서 착안하여 기획하였는데, 자발적이면서 능동적인 이용자 참여를 유도할 수 있는 방식이다. 참여방법은, 집에서 잘 쓰지 않는 물건이나 시간이 맞지 않아 갈 수 없게 된 공연티켓, 맞지 않는 옷 등 무료로 SNS 친구들과 나눌 물건을 선택한 후, 물건의 사진을 찍어 개인 SNS에 "필요한 친구에게 무료로 나눈다"는 내용으로 글을 작성한다. 이때 글 내용 중 해시태그(#)를 사용해 '톡톡부산나눔장터'를 반드시 써야 하

---

5) 황준호 기자, "제주항공 '이민호 SNS 무비' 온라인광고대상", ≪아시아경제≫, 2014.11.19 인용.

6) 아이스 버킷 챌린지 혹은 ALS 아이스 버킷 챌린지는 사회 운동으로, 근위축성 측색경화증(이른바 루게릭 병)에 대한 관심을 환기하고 기부를 활성화하기 위해 한 사람이 머리에 얼음물을 뒤집어쓰는 방식으로 이루어져 있다. 2014년 여름에 시작된 이 운동은 소셜 미디어를 통해 급격히 퍼져나가 하나의 유행이 되었다. 이 운동의 방식은 참가자가 동영상을 촬영하면서 시작된다. 참가자는 우선 동영상을 통해 이 도전을 받을 세 명의 사람을 지목하고, 24시간 내에 이 도전을 받아 얼음물을 뒤집어쓰던지 100달러를 미국 ALS 협회에 기부하든지 선택하도록 유도한다. 그 후 참가자가 얼음물을 뒤집어쓰는 간단한 방식이다(〈위키백과〉 인용).

며, 자신의 뒤를 이어 나눔을 실천할 SNS 친구 2명을 태그해 지목한다. 이 스토리텔링은 '아이스버킷 챌린지'와 더불어 예전 나이키 광고에 등장했던 '술래잡기' 광고도 떠올리게 한다.

　　SNS에서의 해시태그 놀이는 일종의 다중참여 스토리텔링 방식을 활용한 것이다. 다중참여 스토리텔링은 나아가 집단 창작을 가능하게 한다. 스토리텔링은 기본적으로 참여를 통해 완성되며, SNS의 시대가 도래하면서 직접 퍼포먼스를 기획하거나, 창작 프로젝트에 참여하여 작품의 일부를 함께 만들고자 하는 경우가 늘어나고 있기 때문에 생겨났다.

　　집단창작 얘기가 나왔으니 여기에서 유튜브를 통한 글로벌 프로젝트라 칭해졌던 〈Life in a Day〉를 살펴보자.7)

---

7) 이하 영화와 관련된 설명은 〈Life in a Day〉에 대한 다음(daum.net) 영화정보를 인용하였음을 밝혀 둔다.

인터넷 환경이 발달하고 유튜브가 활성화되면서부터 UCC 또는 UGC (User Created/Generated Content) 의 제작과 유통이 활발해진 지 오래이다. UCC란 인터넷 이용자들이 직접 만들거나 가공한 콘텐츠를 말한다. 미디어 산업에 종사하지 않는 일반인들이 스스로 제작하여 웹 공간에 공개하는 콘텐츠로서, 이것은 유저(사용자)들을 수동적인 소비자 위치에 머무르게 하지 않고 사용자 중심의 능동적인 미디어 생산자로서 역할하게 하며, 주요 정보를 문자 텍스트 중심에서 동영상 중심으로 바뀌게 만들었다. 유튜브, 트위터, 페이스북, 블로그 등을 활용한 개인 미디어의 확산은 디지털 민주주의라는 새로운 사회 현상을 만들어 내었고, 미디어 전문가나 언론인이 아닌 일반인들이 보여준 인터넷 혁명은 위키피디아와 같은 참여형 미디어의 성공을 가져왔다.

2010년에 유튜브가 주축이 되어 보통 사람들이 참여하여 극장 개봉 영화를 만든다는 아이디어로 기획된 프로젝트가 〈Life in a Day〉이다.

제작진은 2010년 7월 6일, 전 세계 사람들에게 그들의 삶의 순간을 담은 영상을 찍어서 유튜브 사이트에 올려줄 것을 요청하였다. 단 하나의 조건은 영상이 2010년 7월 24일 촬영된 것이어야 한다는 것이었다. 〈라이프 인 어 데이〉를 진정으로 글로벌 프로젝트로 만들기 위해서, 제작진은 카메라를 쉽게 구할 수 없는 지역에 거주하는 400여 명에게 카메라를 보내서 그들의 삶을 촬영할 수 있도록 하였다. 197개국에서 총 4천 5백 시간에 달하는 8만여 개의 영상 클립이 제출되었으며, 이 중 선별된 331명이 제출한 1,125편의 영상이 한 편의 장편 다큐멘터리로 탄생하였다. 영화에 영상이 채

택된 331명 중 최종 선정된 26명은 공동 제작자가 되어 2011년 선댄스 영화제의 시사회에 참석하여 영화를 보는 기회를 누렸다. 2011년 1월 27일 선댄스 영화제에서 최초로 상영된 〈Life in a Day〉는 같은 시간에 유튜브 사이트에서도 생중계되었으며, 선댄스 영화제와 유튜브에서 폭발적인 반응을 불러일으켰다.

제작진이 "미래의 후손들에게 건네는 일종의 타임캡슐"이라고 표현한, 이 인류에 대한 영상 다큐멘터리는 현재 이 세계를 살아가는 사람들에 대한 사실적이면서도 감동적인 장면들로 가득 차 있다. 평범한 사람들이 어떤 과장이나 꾸밈도 없이 드러내는 솔직한 삶의 단면들은 우리가 누구인지, 우리가 소중히 하는 것들이 무엇인지를 보여주는 것은 물론, 깊은 공감과 벅찬 감동을 안겨주는 마법의 순간들을 담고 있다.

2010년 7월 24일의 여름날, 어떤 사람은 극지방에서 캠핑을 하고, 어떤 사람은 스카이다이빙을 하며, 어떤 사람은 바다 속에 잠수를 하고, 어떤 용감한 소녀는 인간 피라미드의 꼭대기에 올라간다. 어떤 이에게는 평범한 하루이지만, 어떤 이에게는 최고의 하루이기도 하며, 어떤 이에게는 고달프고 힘겨운 하루이다. 세계 각지의 사람들은 잠자는 장소(침대, 침낭, 작은 보트, 거리의 벤치 등)에서부터 출근하는 교통수단(자전거, 오토바이, 승용차, 수레, 걷기 등)까지 각기 다른 환경에서 살아가는 듯이 보이지만, 자는 모습, 세수하는 모습, 양치질하는 모습, 아침 식사하는 모습 등이 교차 편집되면서 우리의 삶의 모습이 얼마나 닮아 있는지가 암시된다. 어떤 이는 염소에게서 갓 짠 우유를 마시고, 어떤 이는 집 앞에 배달되는 우유를 마시지만 다양함 속에 숨어 있는 공통점이 세계가 하나라는 것을 느끼게 한다. 동시대에 살고 있지만, 사는 지역도, 환경도, 언어도 다른, 다양한 인종과 연령층의 사람들의 모습을 보면서 우리는 이 세계가 얼마나 넓은지 다시 한 번 실감한다. "지금 주머니에 가지고 있는 물건은 무엇입니까?", "당신이 사랑하는 것은 무엇입니까?", "당신이 두려워하는 것은 무엇입니까?"라는 세 가지 질문에 대한 예상했던 답변들과 예상 못했던 답변들은 우리를 미소 짓게 만든다. 주머니 속에서 튀어나오는 햄스터, 자신의 냉장고를 가장 사랑하는 남자, 머리숱이 줄어드는 게 두렵다는 남자 등등. 다양한 답변들 속에 숨어 있는 편견, 신념 또는 삶의 지혜를 만나면서 우리는 때로는 슬픔을, 때로는 가슴 찡한 공감을 느끼게 된다.

통제받지 않은 다수가 소통하고 집중하는 UCC의 본성을 이해하지 못하고 제작진의 철저한 기획과 의도에 맞춰 제공받은 수많은 영상을 짜깁기한 것에 지나지 않는다는 비평도 들었지만, 어쨌든 영상 콘텐츠 〈Life in a Day〉는 소셜 미디어 시대의 집단 창작의 좋은 본보기라 하겠다. 실제로 이 프로젝트 이후에 집단창작 스토리텔링 방식의 홍보나 마케팅이 지구촌 곳곳에서 성행했고, 지금도 페이스북 광고 난이나 미디어에서는 심심찮게 개인의 일상이나 경험, 제품을 소비하는 영상물 등을 보내달라는 글이 게시되고 있다.

팀을 나누어 각 팀별로 한 가지 주제를 정해 댓글놀이나 해시태그놀이,
릴레이 이야기 짓기, 영상물 만들기 등 집단창작을 해 보자.

4.
프레젠테이션 스토리텔링하기

우리의 운명을 만드는 것은 바로 우리이고……
이 순간 아버지가 우리에게 이해시키려 한
세 가지 규칙이 기억나는군요.
징징대지 마라, 불평하지 마라, 핑계 대지 마라.
밖에서 무슨 일을 하든지 너의 능력을 최선을 다해 사용하라.
아무도 그 이상은 할 수 없다.

—존 우든(John Wooden)의 「승리와 성공의 차이」 중에서
(제레미 도노번, 『TED 프레젠테이션』)

그룹 활동이나 개인 활동을 통해 얻어진 정보와 발표 자료는 효과적인 프레젠테이션을 위해 종합화되고 잘 짜여야 한다. 많은 프레젠테이션들이 인상을 남기지 못하는 경우는 논리의 부족이나 시각자료의 문제, 전달 과정에서 발표자의 잘못된 습관 등의 문제점이 있는 경우이다. 따라서 성공적인 종합화를 위해서는 무엇보다도 스토리텔링을 잘 짜야 한다. 발표자의 관점이 아닌 듣는 이들의 관점에서 스토리를 기술해야 함은 물론이고 개개의 사실과 데이터가 관계와 맥락을 통해 이해되고 부분과 부분의 연결이 종합되어 전체를 형성해야 한다. 또한 여기에 개별적인 이야기나 시각적 자료들은 전체 메시지가 제대로 전달될 수 있도록 서로 보조하는 역할을 해야 한다.

스토리와 내러티브를 만들어내는 것은 곧 내용을 구조화하는 것이다. 이때 중요한 작업이 '그룹 짓기(grouping)'이다. 이때의 그룹이란 문자 텍스트의 단락이나 영상에서의 시퀀스와 비슷한 의미이다. 너무 많은 이야기를 한꺼번에 쏟아내는 것이 아니라 유사하거나 관련성이 있는 정보들을 몇 개의 덩어리로 묶어서 의미 있는 연결을 이끌어내도록 한다.

　내용을 조직하고 종합화하는 과정에서 필요한 건 우뇌1)를 깨우는 일이다. 과제를 명확하게 정의하여 초점을 분명하게 제시하고, 시기적절하게 활용할 수 있는 기법들을 포함시켜 이를 활용하기 위해서는 창의적인 발상이 중요하며 평소에 잘 쓰지 않던 우뇌를 깨워 능동적으로 움직이도록 해야 한다.

　통상 프레젠테이션을 위한 소프트웨어로는 마이크로소프트사의 파워포인트나 애플사의 키노트가 있다. 대부분의 학생들은 중고등 학교에서 파워포인트 제작 및 활용에 익숙해 있어 거의 모든 발표물을 파워포인트로 프레젠테이션 한다. 예전에는 회사 중견 간부가 했던 기업의 신상품 발표를 최근에는 직접적으로 상품개발에 참여했거나 홍보를 담당하는 젊은 팀장급이 발표하는 사례를 종종 볼 수 있는데 이는 파워포인트를 활용하여 프레젠테이션하는 법을 익혀온 세대가 훨씬 효과적으로 제품을 알릴 수 있다는 판단 때문이다. 파워포인트 제작은 디자인이 매우 다양하여 잘 활

---

1) 연구자들에 의하면, 통상 우뇌는 종합적/직관적/예술적 기능을 담당하고, 좌뇌는 언어적/분석적/논리적 사고를 관장한다. 문화콘텐츠를 위해서는 무엇보다 창의적 아이디어가 필수적이며, 창의력은 다양한 아이디어를 생성해내는 우뇌와 생성된 아이디어를 체계적으로 다듬고 평가하는 좌뇌의 상호작용으로 이루어진다.

용하면 시각적 효과를 동반한 발표를 할 수 있는데 그렇지 못하고 단순하게 제작 했을 경우 강조하고 싶은 내용을 효과적으로 전달하지 못하는 수가 종종 있다. 또한 발표자가 슬라이드를 쫓아가느라 메시지 전달에 힘이 없고 듣는 이들은 집중력이 떨어지는 경우도 종종 발생한다. 심한 경우에는 애니메이션 하나 없이 나열식으로 설명만을 써온 것을 발표자가 읽어 내려가기 바쁘고 듣는 이들은 이내 지루해하곤 한다.

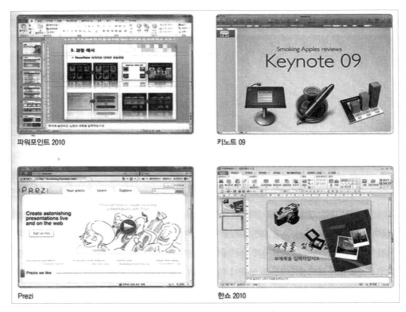

〈프레젠테이션 슬라이드웨어〉[2]

발표자가 자신이 전하고자 하는 메시지를 분명하게 전달해 원

---

2) 이도원·배준오·채종서, 『스토리텔링 프레젠테이션 프레지』, 멘토르, 2011, 51쪽.

하는 것을 얻어내고 듣는 이들은 흥미를 갖고 집중하며 호응을 보내는 효과적인 프레젠테이션을 위한 좋은 툴로는 '프레지(Prezi)'[3]도 있다.

프레지는 온라인을 기반으로 하여 플래시 형태로 구현되는 프레젠테이션으로 매우 다이내믹하여 듣는 이들의 주의를 집중시키기에 좋다. 프레지가 다른 프레젠테이션 프로그램과 다른 것은 줌인과 줌아웃이 자유로워 평면적이지 않고 입체적으로 보이게 하므로 이 줌인과 줌아웃을 잘 활용하면 효과적인 프레젠테이션을 할 수 있는 것이다. 『스토리텔링 프레젠테이션 프레지』에서는 특히 프레지로 프레젠테이션을 할 때는 '프레지 마인드'를 갖는 것이 중요하다고 언급한다. 프레지의 기본 개념은 캔버스라는 커다란 도화지에서 출발하는데 이 캔버스가 단순한 평면이 아니라 입체적인 캔버스이다. 따라서 무한으로 펼쳐진 캔버스에서 다양한 시각으로 접근해 문제를 해결해 나가려면 창의적이면서도 논리적으로 작업할 필요가 있고 그런 과정에서 기존의 내용들이 새롭게 재구성되거나 편집되어야 한다. 『스토리텔링 프레젠테이션 프레지』에서 얘기하는 프레지 스토리텔링은 다음과 같다.

프레지 프레젠테이션을 가장 편하고 자연스럽게 발표하기 위해서는 우선 자신의 이야기에서 출발해야 한다. 자신이 이야기하고자 하는 내

---

3) 프레지를 이용한 프레젠테이션을 '프레지테이션(Prezitation)'이라고 부르기도 한다. 프레지를 온라인에서 사용하기 위해 가장 먼저 할 일은 프레지 사이트(http://prezi.com)에 접속하여 회원 가입을 한다. 프레지 사용을 위한 계정은 크게 일반용 계정과 교육용 계정으로 나누어지므로 자신의 사용 목적에 맞는 계정으로 회원 가입을 한 후 프레지를 사용한다.

용이 자신의 경험을 바탕으로 한 사례 중심이라면 청중들은 그 발표에 집중하게 될 것이다. 만약 발표주제에 부합되는 자신의 이야기가 없다면 그런 스토리를 주변이나 책에서 찾아 먼저 그 이야기를 자기 것으로 확실히 만들어 둘 필요가 있다. 그리고 그 스토리를 중심으로 발표하고자 했던 내용들을 접목시켜 주어야 한다. 내용이 극적으로 변하는 부분에는 전체 내용과 연관된 짧은 에피소드로 연결고리를 만들어준다. 그렇게 발표준비를 하다 보면 전달하고자 하는 내용과 기존에 자신이 잘 알고 있던 스토리가 새롭게 커다란 스토리로 다시 태어나게 된다. 그리고 철저히 발표를 준비하면 굳이 내용을 외우지 않아도 자연스럽게 발표를 이어나갈 수 있다.[4]

프레지 스토리텔링을 잘하기 위해서는 먼저 사실을 나열하고 그러한 사실들 속에서 새로운 아이디어를 도출하여 자연스럽게 스토리로 전환하는 것이 중요하다. 프레지 프레젠테이션에서는 화면을 보고 단순히 읽어 내려갈 수 없으므로 발표 내용 전후 순서를 발표자가 충분히 숙지하여야 한다.

발표내용이나 목적에 따라 효과적인 프레젠테이션 툴을 사용해야 하는 것이 기본이긴 하나 아직 국내에서 대다수의 학생들에겐 파워포인트 활용이 일반적이다. 대학생들의 과제나 공모전의 아이디어 제안서 등도 대부분 파워포인트로 제작이 된다.
한때 우리나라에서는 스티브 잡스의 프레젠테이션 따라 하기가

---

4) 이도원·배준오·채종서, 앞의 책, 45쪽.

유행했었다. 스티브 잡스는 간결한 자료를 통해 임팩트 있는 프레젠테이션을 주도했다. 간결하면서 임팩트 있는 프레젠테이션이든, 복잡한 자료로 구체적이고 자세하게 설명함으로써 신뢰를 얻고자 하는 프레젠테이션이든 프레젠테이션의 궁극적인 목적은 듣는 이들을 설득시키는 것이다. 특히 슬라이드를 넘겨가면서 이야기를 풀어가는 파워포인트는 이미 넘어간 슬라이드를 다시 되돌려 보여주지 않기 위해서 기획부터 설계, 제작, 발표까지 전체를 살피는 프레젠터의 능력이 요구된다. 텍스트를 쓸 때 가독성을 고려하여 글을 쓰는 것이 중요하듯이 파워포인트 프레젠테이션에서도 청자들이 이해하기 쉬우면서 공백 없이 논리적인 전개가 이루어져야 할 것이다. 일반적으로 텍스트에서 얘기되는 3단 논법인 서론, 본론, 결론의 원칙에 따라 파워포인트 프레젠테이션에서도 제목과 목차, 배경이 담긴 슬라이드를 서론이라 하고, 본론으로는 현상분석이나 원인분석, 세부계획, 새로운 제안 등의 메시지 전달을 내용으로 한다. 이어지는 기대효과나 후속조치 등은 결론에 해당한다. 물론 프레젠테이션의 범위와 목적에 따라 순서를 바꾸는 경우도 있다.

충분한 기획이 이루어진 후에는 스토리를 구성하고 슬라이드를 제작한다. 영상물을 만들 때 시나리오를 쓰고 콘티를 짜서 영상을 만들어내는 것처럼 슬라이드 전체의 흐름과 내용에 대한 철저한 시나리오를 준비하고 스토리보드를 만든 후 실제 제작에 들어가는 것도 보다 확실한 방법이다. 파워포인트 스토리텔링에서 가장 중요한 것은 문자기호와 이미지, 표, 그래프 등을 이용한 시각적 효과를 적절하게 배치하는 것이다. 문자기호에 있어서는 구체적이고 실제적인 단어나 표현을 정확하게 사용해야 할 것이고, 문자기호의 중요성이 메시지 전달에 있는 만큼 문자의 크기나 글꼴, 색, 텍스트의 길이, 강조를 위한 효과 등을 고려하여 의미전달이 확실히 이루어질 수 있도록 세심하게 구성한다. 시각적인 요소들은 그림이나 사진이미지, 표, 그래프 등으로 단지 문자 기호의 보조적 수단이라는 차원을 넘어서 메시지 전달 효과를 높여야 할 것이다.

프레젠테이션 스토리텔링에 대해 많은 이들이 "양보다 질"이라는 말을 빈번하게 사용한다. 그런 의미에서 폴 J. 켈리가 지은 『The Seven Slide Solution』은 비즈니스 스토리텔링이라는 주제와 효과적인 프레젠테이션 방법이라는 두 주제가 만나 새로운 구조의 프레젠테이션을 소개한다. 이 책은 '파프연(파사모5) 프레젠테이션 연구회)' 회원들이 번역하여 김경태·김창환 편역으로 『7장의 슬라이드로 끝내는 스토리텔링 프레젠테이션』이라는 이름으로 출간되었다. 책 내용을 한마디로 요약하면, 모든 내용을 7장 이하의 슬라이드에 스토리로 엮는 것이다. 책의 저자는 다음과 같은 스토리 구조를 프레젠테이션 슬라이드 구성의 골격으로 삼는다.

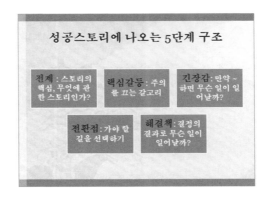

저자는 기존의 '목차부터 제안까지'의 진부한 플랫폼이 아니라 전제를 개발하고 그것을 입증해나가는 스토리 구조에 의해 각 슬라이드를 하나의 장면으로 생각하고 스토리보드를 구성하여 프레젠테이션 슬라이드를 만들어야 한다고 제안한다. 그리고 그 스토리텔링은 수십 장이 아닌 단 7장의 슬라이드만으로도 충분히 설득력을 갖는다는 것이다. 저자가 제안하는 7장의 슬라이드 원칙은 다음과 같다.6)

제 1 슬라이드	1. 청중을 감성적, 이성적으로 끌어들여라. 2. 최적의 톤을 유지하라. 3. 청중의 관심을 유도하라. 4. 핵심갈등을 공개하라.
제 2 슬라이드	1. 필요하지 않다면 배경 스토리를 넣지 마라. 2. 또 다른 제3의 이야기를 하지마라. 3. 수렁에 빠지지 마라. 4. 청중에 대해 많이 알아라.
제 3 슬라이드	1. 청중의 관심을 배경 스토리에서 주 스토리로 다시 돌려놓아라. 2. 핵심 갈등을 해결했을 때와 안 했을 때의 결과 차이를 보여줘라. 3. 감정에 영향을 주는 순서대로 결과를 제시하라. 4. 긴박감을 조성하라.
제 4 슬라이드	1. 긴장감을 높여라. 그러나 너무 높이지는 마라. 2. 다른 어떤 슬라이드를 만들 때보다 더 감정적인 공명을 생각하라. 3. 이 단계에서 해결책을 제공하고 싶은 충동을 억제하라.

---

6) 폴 J. 켈리, "The Seven Slide Solution", 김경태·김창환 편역, 『7장의 슬라이드로 끝내는 스토리텔링 프레젠테이션』, 멘토르, 2010, 203쪽~282쪽.

제 5 슬라이드	1. 당신이 바라는 대로 결정의 틀을 제공하라. 2. '현상 유지와 변화'라는 단순한 선택을 제시하라. 3. 아직은 해결책을 제공하지 마라. 4. 이성은 물론 감정에도 호소하라.
제 6 슬라이드	1. 핵심 갈등을 해결하라. 2. 스토리에서 제기된 질문에 답하라. 3. '무엇'에 초점을 맞추고, 청중이 '어떻게'라는 질문을 하게 하라. 4. 설명하지 말고 보여줘라.
제 7 슬라이드	1. 더 살펴볼 주제를 청중이 선택하게 함으로써 스스로 스토리를 만들어가게 하라. 2. 청중이 질문하기 전에 먼저 질문에 대한 답변을 제공함으로써 사람들이 당신의 스토리에 대해 생각하는 방식에 영향을 행사하라. 3. 예상 질문에 대해 추가 스토리로 답하라(전제·핵심 갈등·긴장감·전환점·해결책). 4. 제7슬라이드가 필요하지 않다면, 사용하지 마라.

7장의 슬라이드 원칙에 따라 스토리텔링을 하는 다양한 예시를 폴 J. 켈리는 보여주고 있는데 그 중 '고객서비스'라는 문제에 대한 제안을 보도록 하자.

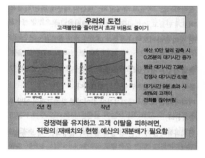

〈제 1 슬라이드: 끌어들이기〉

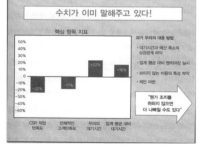

〈제 2 슬라이드: 배경스토리〉

〈제 3 슬라이드 – 긴장감 조성하기〉

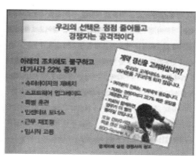

〈제 4 슬라이드 – 끓어오르게 만들기〉

〈제 5 슬라이드 – 선택안 제시하기〉

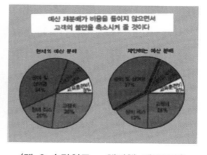

〈제 6 슬라이드 – 해결책 제공하기〉

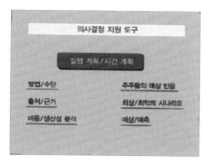

〈제 7 슬라이드 – 후속편 준비하기〉

제 1 슬라이드에서는 "고객들의 대기시간을 줄이고 만족도를 높이면서, 어떻게 운영비를 줄일 수 있을까?"라는 질문을 통해 핵심 갈등을 제시하고, 서비스 경쟁력의 약화가 비즈니스에 어떤 영향을 미치는가에 대한 자료를 제시함으로써 청중들의 감정을 불러일으킨다. 제 2 슬라이드에서는 청중을 안심시키고 발표의 나머지 부분을 듣고 싶게 만드는데 필요한 배경 정보를 제시한다. 이것이 배경 스토리이다. 제 3 슬라이드는 서비스 개선을 위해 청중이 취했던 노력과 그에 따른 실망스런 결과를 제시함으로써 긴장감을 만들어낸다. 제 4 슬라이드에서는 핵심 부분에 초점을 맞춰서 청중 스스로 해결책을 찾게끔 한다. 경쟁관계에서 오는 위협들이 이미 현실로 나타났음을 보이고 지금 뭔가 행동을 취하지 않으면 분명 위험이 닥칠 것이라는 것을 보여준다. 이어서 제 5 슬라이드에서 선택을 제안한다. 보통은 현 상태를 약간 보완하여 유지하는 것과 근본적인 변화를 꾀하는 것 사이에서 선택하도록 만든다. 이 슬라이드는 프레젠테이션 하는 사람이 원하는 방식으로 청중이 결정하도록 만드는 틀을 제공한다. 제 6 슬라이드는 첫 단계에서 청중을 끌어들였던 갈등에 대한 해결책을 제시한다. 최상의 해결책은 청중이 '자기 몫의 케이크를 갖고, 그것을 먹게 만드는' 방법이다. 제 7 슬라이드는 후속편을 위한 무대를 만드는 곳이다. 청중이 과거에 대한 질문을 하도록 유도하고 미래에 대한 질문에 답변할 수 있는 틀을 만들어준다.[7]

『7장의 슬라이드로 끝내는 스토리텔링 프레젠테이션』은 비즈니

---

7) 위의 책, 284~287쪽.

스 프레젠테이션의 모델로 제안된 것이나 우리 학생들은 이것을 현재의 상황에 맞춰 과제 해결이나 공모전 제안서 등에 활용하면 좋을 것이다.

7장의 슬라이드로 학과 동아리 육성책에 대한 아이디어를 제안해 보자.

스토리보드	

5.
콘텐츠스토리텔링 전략, 캐릭터 진화

용서해라.
그들이 용서받을 만 해서가 아니라
당신이 평화를 누릴 자격이 있기 때문이다.

—애니메이션 〈라이언 킹〉에서

스토리텔링에서 갖는 캐릭터의 힘은 콘텐츠의 성공과도 직결된다. 캐릭터는 여러 함축적인 개성을 지닌 창조물로 원래 소설이나 연극, 드라마 속에 등장하는 인물을 의미하거나, 작품 내용 속에서 특정한 성격과 이미지에 알맞은 존재를 의미한다. 그리고 이 의미가 조금 확대되어 소설이나 만화, 드라마 따위에 등장하는 독특한 인물이나 동물의 모습을 디자인한 것도 캐릭터라 한다.

캐릭터의 종류는 통상 세 가지로 나뉠 수 있다. 첫째 머천다이징(Merchandising) 캐릭터로, '마시마로'나 '마린블루스', '딸기', '뿌까'처럼 기본적으로 상품화를 전제하고 개발된 캐릭터이다. 둘째 기업과 기관의 홍보용 캐릭터로, 경찰청 캐릭터인 '포돌이'처럼 하나의 독립된 기관을 대표할 뿐 아니라 그것의 이미지 개선을 위해 제작한 경우이다. 셋째 작품 속의 캐릭터로, 만화나 애니메이션, 영화, 드라마, 게임 등의 등장인물을 말한다. 이들은 강한 스토리성으로 인해 언제든지 머천다이징 캐릭터로 활용될 수 있다.[1]

일찍부터 미국의 디즈니사는 '미키 마우스'라는 단순한 쥐 한 마리에 이야기를 입혀 세계의 아이콘으로 만들었다. 미키 마우스 외에도 만화, 애니메이션을 프로모션의 주요 매체로 활용하여 대중적 인기를 얻은 도널드 덕, 스누피, 미피, 포켓몬 등은 해외에서 크게 성공한 캐릭터들이다. 미국의 유명한 '마블 코믹스'[2]가 개발하는 만화콘텐츠의 히어로들 역시 독특한 캐릭터성을 갖고 대중의 사랑을 받고 있으며 시리즈물 영화로도 제작되고 있다. 우리나라에서도 '둘리'를 비롯하여 유아들의 대통령이라 불리는 '뽀로로'와 같은 캐릭터는 캐릭터를 이용한 문화 산업의 성공 사례에 꼽힌다. 핀란드 로비오사가 개발한 '앵그리 버드' 역시 게임 캐릭터로 게임 산업에서 두각을 나타냈을 뿐 아니라 사회 풍자에까지 활용되고 있다.

독특하고 창의적인 캐릭터를 탄생시켜 스토리텔링과 적절하게 상호 연동시키는 것은 콘텐츠의 성공을 가져온다. 그러나 동일한 캐릭터를 지속적으로 단순 반복 활용하거나 발전하는 디지털 스토리텔링을 캐릭터가 따라가지 못할 때 콘텐츠의 성공은 보장하

---

1) 정창권, 『문화콘텐츠 스토리텔링』, 북코리아, 2008, 94쪽.
2) 미국 만화책 출판사인 '마블 코믹스'는 월트 디즈니의 자회사인 마블 엔터테인먼트의 출판 부문이다. 마블은 유명한 캐릭터 '캡틴 아메리카', '스파이더맨', '엑스맨', '판타스틱 포', '헐크', '토르', '아이언 맨', '닥터 스트레인지', '블레이드', '데어데블', '고스트 라이더', '가디언즈 오브 갤럭시' 등으로 알려져 있다.

기 어렵다. 따라서 캐릭터의 창출 못지않게 중요한 것이 캐릭터의 진화이고 이것은 디지털 스토리텔링에서 가장 핵심이 된다.

1995년 일본에서 초등학생용으로 제작된 오락게임으로 등장한 이후 텔레비전, 만화, 영화, 캐릭터상품 등으로 만들어진 주머니 괴물 〈포켓몬스터〉는 캐릭터 진화를 전략으로 내세워 대단한 성공을 거두었고 이후의 몬스터 게임이나 몬스터 애니메이션의 모델이 되었으며 아울러 캐릭터 산업의 전략 수립에 큰 영향을 끼쳤다. 포켓몬(포켓몬스터의 약칭)은 어느 생태계에도 속하지 않는 수수께끼 특수생명체로서, 스스로 빠른 속도로 진화를 거듭하며 초인적인 힘을 발휘한다. 〈포켓몬스터〉 캐릭터 진화의 기본은 '성체되기'로서, 동그란 얼굴과 몸통, 큰 눈과 짧은 다리를 가진 어린 캐릭터가 뿔이 돋아나거나 신체의 일부가 뾰족해지기도 하고 몸집이 커지며 팔과 다리가 길어지는 성체로 자라나며 진화한다. 그리고 겉모습의 진화가 기능이나 능력의 신장을 가져와 행동을 통해서 표현된다. 주머니 괴물이라는 이름처럼 지니고 다니고 싶게 만드는 소유욕을 자극하고, 엄청난 수와 다양성으로 자신의 취향대로 선택하고 조련할 수 있다는 점에서 포켓몬은 아이들에게 특히 큰 인기를 끌었다.

포켓몬의 열풍이 조금씩 가라앉을 때 다시 아이들을 사로잡기 시작한 것은 싸우는 다마고치, 디지몬이었다. 디지몬은 '디지털 몬스터'의 줄임말로 TV 애니메이션 〈디지몬 어드벤처〉에 등장하는 괴물 캐릭터들을 말한다. 디지몬들은 일본 반다이사의 인기 게임으로 시작된 '디지털 몬스터'를 바탕으로 소년 소녀의 모험과 전투를 그린 애니메이션 캐릭터들이다. 디지몬은 공룡, 곤충, 신, 악마,

여러 동물에 관한 데이터를 입력해 컴퓨터 네트워크상에서 탄생하고 진화하는 인공 생명체이다. 적과 계속 전투를 하면서 디지몬은 그 힘과 환경에 따라 진화한다. 각각의 디지몬은 자연계의 생명체가 아니라 컴퓨터 합성으로 이루어진 인공 생명체이며 자기복제나 증식을 하지 않는 유일한 존재들이다. 따라서 디지몬의 진화는 영구 진화하는 포켓몬과는 달리 필요에 따라 일시적으로 진화한다. 또한 디지몬의 진화는 성체가 되는 것뿐 아니라 전투형 사이보그로 진화하는 특성을 보인다. 포켓몬과 디지몬은 서사구조에서도 확연한 차이를 보인다. 포켓몬이 로드무비 형식의 성장담적 서사라면, 디지몬은 신화와 옛이야기를 바탕으로 하는 판타지 장르라 할 수 있다. 판타지 장르의 특성대로 디지몬은 포케몬보다 더 큰 스케일과 복잡한 이야기 구조, 인상적인 괴물의 등장으로 아이들의 흥미를 끌어당겼다.

〈2014년 개봉 극장판 포켓몬스터〉

〈디지몬 어드벤쳐 02〉

캐릭터 스토리텔링은 구현될 매체와의 상관성을 고려하여 기획되어야 한다는 점에서 '마시마로'는 대표적인 성공 모델이다. 마시마로는 웹 애니메이션의 한 종류인 플래시 애니메이션인데, 플래시 애니메이션은 인터넷을 중심으로 애니메이션의 영역을 다양하게 확장시킨 매체에서 구현되므로 일단 접근성이 높아 홍보하기 쉽다. 게다가 매체 구현 비용이 적게 들고, 계속해서 에피소드를 이어나갈 수 있다. 짧은 시간에 서사가 진행되어야 하는 플래시 애니메이션의 속성에 맞춰 '마시마로'는 반전과 패러디, 엽기코드의 이야기로 단순히 그림만이 아닌 이야기와 행위가 '엽기토끼'라는 캐릭터 형상화에 기여한다. 예를 들어, 제1화 'fishing'편에서 보면, 낚시를 하는 마시마로가 상식에 어긋난 미끼를 던지자 물고기가 항의를 한다. 이에 마시마로는 배설물로 물고기를 응징하는데, 이 행동이 하얗고 귀여운 토끼의 엽기성을 부각시킨다. 여기에서 음성언어는 배제되거나 최소화되고 단지 색의 대비가 확실하게 시각화된다.[3] 마시마로는 캐릭터 상품으로도 크게 인기를 얻었다.

캐릭터의 진화는 비단 일본이나 미국의 경우에만 해당되는 것은 아니다. 우리나라 토종 캐릭터들에게도 진화는 부가가치를 높이고 창조산업의 선봉에 설 수 있는 디딤돌이다. 대표적인 사례로 유아들의 대통령으로 불리는 '뽀로로'를 살펴보자.

중국 북경에 오픈한 뽀로로 테마파크 1호점은 개장 첫날 매출이 4,000만 원이 넘어서면서 성공신화를 써내려가고 있다. 뽀로로 제

---

3) www.mashimaro.com 참조.

작사인 아이코닉스는 동남아시아, 북미 지역 등에도 테마파크를 개장하고 500여 종의 뽀로로 제품을 수출해 세계 시장 점유율을 높여나갈 계획을 갖고 있다고 한다. 또한 캐릭터 상품 판매만이 아니라 세계 곳곳에서 뽀로로 라이브 쇼, 뽀로로 뮤지컬, 뽀로로 패션 쇼 등 각종 이벤트를 기획해 뽀로로 애니메이션 영상을 포함한 다양한 콘텐츠 수출을 선도하고 있다.

〈뽀로로 애니메이션〉

뽀로로의 성공 비결은 다양한 스페셜 시리즈 개발을 통해 끊임없이 뽀로로의 영역을 넓혀 양질의 콘텐츠를 제공한 결과다. 뽀로로 시리즈는 총 263편이 제작됐으며 현재 연간 로열티 150억 원, 연간 매출 6,500억 원을 달성하고 있다. 김종세 아이코닉스 엔터테인먼트 상무는 뽀로로 성공과 관련, "아이들의 평범한 소재, 2등신 체형의 캐릭터, 공동제작사간 참여형 마케팅, 파생 콘텐츠의 지속적인 노출, 캐릭터의 무분별한 활동 제한, 철저한 콘텐츠 관리 등을 통해 대박을 낼 수 있었다"며 "사업 역량을 해외에 집중, 토종

브랜드의 위력을 보여주겠다"고 말했다.[4]

뽀로로의 경우, 각종 캐릭터용품과 산업용품의 다양화와 애니메이션 영상의 진화가 성공전략의 핵심에 있는 듯하다. 또한 발달한 인터넷과 스마트폰의 영향에 따라 캐릭터 유통 경로의 진화도 진행 중이다. 뽀로로가 생겨난 지 십 년이 넘는 지금 뽀로로는 이제 세계 시장에서 가장 많이 팔리는 캐릭터 상품이 되었다. 이것은 아직 지속력에 있어서 다소 차이는 보이지만 80여 년 동안 꾸준히 전 세계 어린이들의 사랑을 받아 오고 있는 '미키마우스'에 비견될 만하다.

2014년 8월, 7개 대륙의 214개국 사람들이 참여하는 수많은 '킥스타터 프로젝트'에 한국 애니메이션의 자존심을 걸고 '스푸키즈'가 당당히 도전장을 내밀어 네티즌들의 응원을 받았다. 2009년 시작된 미국의 크라우드 펀딩 서비스 통로인 킥스타터는 우수한 콘텐츠나 아이템을 일반인들이 직접 펀딩하여 동참할 수 있게 하는 소셜 펀딩 사이트이다. 킥스타터에서는 목표한 금액이 100% 달성되지 않으면 한 푼도 투자가 이루어지지 않는 'All-or-nothing' 방식의 펀딩으로 유명하다. 비록 프로젝트 기간 동안에 목표금액에 도달하지 못했지만 유튜브나 페이스북을 통해 스푸키즈 에피소드 시리즈는 여전히 큰 사랑을 받고 있다.

주식회사 키링에서 선보인 '스푸키즈'는 '프랑키'(프랑켄슈타인), '지지'(좀비걸), '콩콩'(강시), '큐라'(드라큘라), '캐비'(도깨비)까지 5명

---

4) 이규성 기자, "토종캐릭터의 진화…한류 콘텐츠로 부상", ≪아시아경제≫, 2014.06.22 인용.

〈스푸키즈의 다섯 몬스터〉

의 몬스터 아이들이 한밤중에 등교하여 자신들만의 초등학교 생활을 보여주는 1분 20초 분량의 슬랩스틱 3D 애니메이션이다. 스푸키즈는 콘텐츠의 질에 있어서 할리우드 3D 애니메이션과 비교해도 절대 뒤쳐지지 않는 애니메이션으로, 한국 애니메이션의 가치와 잠재된 가능성을 알리기에 부족함이 없는 '차세대 한국형 3D 애니메이션'으로 평가 받고 있다. 스푸키즈 캐릭터는 어떤 의미에서는 '뽀로로', '로보카 폴리', '라바'와 같은 토종 캐릭터의 진화라 할 수 있겠다.

캐릭터의 진화는 기업의 브랜드 이미지를 위한 스토리텔링 마케팅에도 중요한 역할을 한다. 기업의 캐릭터가 딱딱하게 고정된 기업 이미지를 바꾸고 고객과의 활발한 소통에 긍정적인 역할을 하게 되면서 캐릭터 송, 이모티콘 등 다양한 스토리텔링 마케팅이 등장하고 있는 것이다. 이 같은 마케팅의 진화는 곧 캐릭터의 진화와 직결된다. 구체적인 사례로, 정유업체인 S-OIL은 자사 기업 브랜드 캐릭터인 '구도일'이 인기 애니메이션 캐릭터인 캐니멀과 함께 등장하는 콜라보 단편 애니메이션 〈구도일과 캐니멀의 신나는 비행〉을 제작하였다. 이것은 기업의 브랜드 캐릭터와 상업 애니메이션 캐릭터가 영역을 허물고 한 애니메이션에 함께 등장하는 국내 최초의 사례이다. 이것은 결국 구도일이라는 캐릭터를 통해 본격적으로 캐릭터 상품화를 전개하는 시작이며 장기적으로는 인형, 열쇠고리, 자동차용품, 문구, 팬시, 의류, 모자 등 연관 팬시상품을 비롯하여 다양한 스토리텔링과 함께 구도일 캐릭터의 진화를 통한 문화마케팅을 기획하고 있음을 시사한다.

에너지 절약 캠페인을 진행하고 있는 SK에너지도 교육 콘텐츠를 제작하면서 어린이들의 이해를 돕기 위해 자사 캐릭터 '엔크'를 개발했다. SK에너지가 제작한 애니메이션과 웹툰은 에너지를 지키는 꼬마 영웅 엔크와 린이 척척박사 닥터 그린, 만능로봇 트루의

〈SK에너지가 어린이 전용 포털 '쥬니어네이버'에 마련한 에너지 절약 캠페인용 단독 페이지인 '엔크의 에너지 대모험' 캐릭터들〉

도움을 받아 에너지 낭비 몬스터 줄줄과 펑펑의 방해 공작을 이겨내고 에너지 절약 미션을 하나씩 완수하는 내용을 담았다.

세계적으로 성공한 게임 콘텐츠인 〈앵그리 버드〉의 예에서 알 수 있듯이, 스마트폰의 인기 게임에서도 캐릭터의 진화는 콘텐츠 스토리텔링에 참으로 중요한 역할을 한다.

벌거숭이 임금님, 피노키오, 오즈의 마법사 등 어린 시절 책이나 만화를 통해 만날 수 있었던 동화 속 주인공들이 게임 속 캐릭터로 등장하는 '동화특공대'는 동화 속 주인공들과 퍼즐을 활용해 몰려오는 적을 막아내는 게임이다. 유저는 동화 속 주인공으로 파티를 구성하고 마법의 돌을 움직여서 돌 4개를 가로, 세로, 사각형으로 만들어 적을 막아야 하는 퍼즐 디펜스에 가까운 게임이다. 동화특공대는 퍼즐이라는 장르를 표방하고 있지만, 사실 몰려오는 적을 막아야 하는 디펜스류 게임에 가깝다. 타워나 유닛을 배치해서 적을 막아내는 것이 디펜스류 게임의 정석이라면 동화특공대는 타워나 유닛이 아닌 유저가 직접 퍼즐을 맞춰 몰려오는 적을 막아내야 한다. 적들이 7개의 라인에서 쉴 새 없이 몰려오기 때문에 유저는 적이 나오는 부위에 맞게 퍼즐을 맞춰서 적을 공격해야 한다. 퍼즐에만 신경 쓰다 보면 적들의 움직임을 효과적으로 막을 수 없기 때문에 계속 퍼즐을 움직여 적이 몰려오는 라인에 맞춰 퍼즐을 완성해 공격해야 한다. 퍼즐의 속성에 따라 적의 움직임을 막거나 밀어내는 등 여러 가지 플레이가 가능해서 상황에 맞게 퍼즐을 맞춰가는 것이 중요하다.

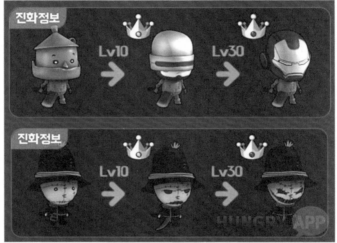

〈동화특공대 for Kakao〉 이미지

　동화특공대의 캐릭터들은 10레벨, 30레벨에 한 번씩 모습이 변하면서 진화한다. 동화 속 주인공이 진화하면 모습이 무섭게 변하거나 특정 부위가 변하는 등 모습이 변하게 된다. 예를 들어, 오즈의 마법사에 등장하는 양철 나무꾼이 10레벨이 되면 양철통 머리에서 로보캅 같은 머리로 진화하고 또 다시 더 높은 30레벨로 올라가면 아이언 맨 같은 머리로 진화하는 것이다. 이 게임 콘텐츠는 특히 어린 시절에 읽었던 동화 속 주인공과 로보캅, 아이언 맨처럼 최근에 등장한 캐릭터들을 융합시켜 색다른 재미를 준다는 점에서 발상의 신선함을 찾을 수 있다.

만화나 애니메이션, 게임, 캐릭터 상품에서뿐 아니라 영화나 드라마에서도 캐릭터는 중요하며 성공한 콘텐츠일수록 캐릭터가 진화된다. 세계적으로 유명한 마블 코믹스나 DC 코믹스의 만화 주인공들은 영화 속에서도 캐릭터 스토리텔링을 통해 진화한다. 대표적으로 배트맨을 살펴보자.

〈배트맨〉은 만화원작의 원소스 멀티유즈 성공사례의 대표작이며 출판 콘텐츠와 디지털 영상콘텐츠의 대비를 보여주는 좋은 작품이다. 단적으로 언급하면, 다소 추상적이고 허구적이기도 한 DC 코믹스의 만화 〈배트맨〉5)이 다양한 시리즈의 영화6)를 통해 리얼리티를 확보했다는 점 자체가 어찌 보면 장르가 다른 콘텐츠의 특성이기도 하면서 콘텐츠를 이끌어가는 캐릭터들의 진화라 하겠다. 만화를 흔히 칸을 이용한 스토리텔링 콘텐츠로 얘기하는데 칸이라는 틀 안에서 그림과 글을 적절하게 활용하여 상상력과 몰입을 끌어낸다. 반면 영화는 출판 만화와 달리 실제 배경을 무대로 연기자들이 행동하고 사고하기 때문에 영상을 보는 관객에게 스토리

---

5) 만화 〈배트맨〉 시리즈는 1939년 작가 밥 케인과 빌 핑거가 DC 코믹스에 처음 연재를 시작하면서 시작되었다. 밥 케인 이후로도 다른 작가들에 의해 다양한 스타일로 변화되어 꾸준히 인기를 얻었다.

6) 배트맨 시리즈는 크게 세 명의 감독에 의해 만들어졌다. 처음 배트맨 I, II 시리즈는 팀 버튼 감독이 맡았고 이후 조엘 슈마허 감독의 배트맨 4부작이 제작되었으며, 다시 크리스토퍼 놀란 감독에 의해 '배트맨 비긴즈', '배트맨 다크나이트', '배트맨 다크나이트 라이즈' 등과 같은 시리즈가 나타났다.

〈Calm the Ham이 포스터로 판매 중인 BATMAN: AN ILLUSTRATED
EVOLUTION라는 이름의 이미지 (출처: Calmtheham.com)〉

와 메시지를 용이하게 전달하며 몰입을 강화시킬 수 있으나 표현의 사실성으로 인해 만화보다 상상력을 끌어내는 데에는 다소 미흡하다. 따라서 만화가 원작인 작품을 영화로 전환할 때는 이미지의 형상화에 특히 신경을 써야 한다.

배트맨은 기존의 초능력을 가진 히어로들과는 달리 경제력이 뒷받침된 과학적 무기를 갖춘 새로운 영웅이다. 영화 〈배트맨〉의 제작을 맡은 팀 버튼 감독은 자신만의 개성 있는 스타일로 콘텐츠를 창조하길 원하여 만화보다 더 극명하게 캐릭터를 대비시켰다. 악당인 조커는 훨씬 더 악한 인물로 재창조되었고, 만화 속 정의의 사도인 배트맨은 어두운 고담시 시민들의 불안감을 대변하는 완전하지 못한 현실 속 인물 브루스 웨인으로 그려졌다. 그리고 이런 완전하지 못한 브루스 웨인이 악에 대항해 고담시를 지키는 히어로로 변신하는 데에 과학적 장비가 중요한 역할을 한다. 따라서 배트맨에서는 단지 이미지에 리얼리티를 입혀 형상화한 겉모습의 진화뿐 아니라 디지털의 발전에 힘입어 어두운 배트맨 슈트와 망

〈팀 버튼의 영화 〈배트맨〉 액션 피겨와 1960년대 코믹북 버전의 〈배트맨과 로빈〉 액션 피겨〉[7]

토, 배트맨 카, 각종 무기들에 있어서도 서사에 맞춘 진화를 볼 수 있다.

검은색으로 무장한 배트맨과 달리 화려한 색의 혼합으로 자신의 혼란스러운 정신세계를 드러내는 악당 캐릭터 조커는 히어로인 배트맨에 대항하는 대립자로서 배트맨 영화의 한 축이다. 그저 재미로 시민들을 죽이는 광기와 살인을 하면서도 웃어대는 표정[8]의 섬뜩한 조커는 원작 만화보다 처음으로 영화화된 배트맨에서 잭 니콜슨이라는 탁월한 배우에 의해 미치광이 캐릭터로 형상화되었다. 하얗게 표백된 얼굴과 입꼬리가 올라간 붉은 입술의 조커는 특히 그 분장술에 있어서 배트맨과 극명하게 대비되는 진화를 보이고 초기의 조커가 상당한 희화성과 과장성을 지닌 캐릭터였다면 다크나이트에서 히스 레저가 연기한 조커는 분장의 진화와 함께 탄탄한 스토리 속에서 현실적인 캐릭터로의 진화도 수반되었다.

---

7) 장난감박물관 '토이키노'를 운영하고 있는 장난감 콜렉터 손원경의 수집품.

8) 밥 케인과 빌 핑거가 카드놀이를 하던 중 밥 케인이 조커 카드를 보여주며 "악당은 얘로 하지."라고 말하자 이 말에 수긍한 빌 핑거가 밥 케인에게 영화 스틸 한 장을 보여주었는데 그것은 1928년도 영화 〈웃는 남자〉에서 콘러드 베이트가 연기한 주인공 캐릭터였고 이것이 조커 캐릭터 디자인의 원형이 되었다.

〈초창기 조커의 캐릭터 디자인〉

〈히스 레저가 분장한 조커〉

자신을 캐릭터화해서 에피소드를 만들어보자.

캐릭터 이미지
캐릭터 특성

에피소드 제목 :

내용 :

what's your story?

6.
문화원형의 각색 전환

어느 아메리카 인디언 소년이
입문제의를 행할 때
이런 조언을 얻었다.
"삶의 길을 가다 보면
커다란 구렁을 보게 될 것이다.
뛰어넘으라.
네가 생각하는 것만큼 넓진 않으리라."

—조지프 캠벨, 『신화와 인생』에서

스토리텔링의 방법은 크게 창작, 각색, 전환 등 세 가지로 나눌수 있다.

창작 스토리텔링은 무에서 유를 창조하는 것으로, 배경과 캐릭터, 스토리 등 이야기를 새롭게 만들어내는 것을 말한다.

국어사전에 각색은 "서사시나 소설 따위의 문학작품을 희곡이나 시나리오로 고쳐 쓰는 일"이라고 정의되어 있다. 통상 문화콘텐츠에서 각색은 잘 알려져 있거나 아직 알려지지 않은 고전을 현대적으로 변용하여 널리 알리는 것이다. 고전은 이미 많은 사람들에게 향유되면서 그 흥행성이나 작품성을 검증받았고, 유구한 역사만큼이나 두터운 지지기반을 갖고 있다. 예를 들어 영화 〈마담뻥덕〉은 고전 〈심청전〉을 바탕으로 각색한 것이고, 영화 〈방자전〉은 고전 〈춘향전〉을 바탕으로 각색한 것이다. 고전 원작 텍스트를 한 번도 읽어보지 않은 사람일지라도 고전의 스토리를 알지 못하는 이는 거의 없다. 그러므로 이렇게 익숙한 이야기를 토대로 새로운 콘텐츠를 개발한다면, 전혀 모르는 작품보다 훨씬 쉽게 관심을 받게 될 것이다. 게다가 날이 갈수록 창작 분야가 줄어들면서 각색의 중요성은 부각되고 있다. 실제로 할리우드 영화도 각색인 것이 많은데, 다수의 할리우드 영화들이 기존의 책이나 만화, TV프로그램, 연극, 뮤지컬, 원작 영화의 리메이크를 바탕으로 제작되어 나오고 있는 실정이다.

각색의 대상은 문학이나 설화, 역사, 서양 고전 등 매우 다양하다. 특히 고전문학은 우리의 문화원형이 온전히 있는 텍스트요, 저작권이 없는 그야말로 콘텐츠의 보물창고이다. 설화는 예로부터 전해 내려오는 신화, 전설, 민담 등을 모두 포괄하는 개념으로 이야기 원형이라 할 수 있다. 설화는 지금도 소설이나 동화, 만화, 영화, 드라마, 공연 등에 그 소재나 플롯, 에피소드, 주제 등을 제공하고 있다. 역사도 콘텐츠 소재에 매우 큰 몫을 한다. 역사 소재를 이용한 영화, 드라마, 전시 등은 사람들이 즐기는 것들이다. 기타 서양고전도 매우 중요하다. 이젠 고전이라 해서 꼭 우리의 것만을 고집할 필요가 없다. 세계 어느 나라의 것이든 문학이나 설화, 역사 등을 가져다가 적극적으로 콘텐츠로 개발할 필요가 있다. 특히 고전은 앞에서 얘기한 것처럼 저작권이 존재하지 않으므로 각색자가 곧 저작권자가 될 수 있는 것이다.

각색 방법으로는 원전을 충실히 재현하는 단순각색, 원전의 기본 주제의식은 살리되 인물의 행동이나 대사 등 일부 내용을 변형시키는 번안, 시대적 배경이나 인물의 성격이 완전히 다르게 설정

되는 개작 등이 있다. 개작에도 여러 가지 방법이 있는데, 고전에
서 스토리라인을 차용하여 현대적 감각에 맞게 활용하는 경우, 캐
릭터나 모티프 및 분위기만을 따와서 활용하는 경우 등이 있다.

전환이란 인기 있는 원작을 각각의 매체에 맞게 변용하는 것으
로 특히 장르의 변화를 전제로 한다. 한마디로 전환은 성공한 콘텐
츠를 멀티 유즈 할 때 사용하는 스토리텔링 전략이라 할 수 있다.
전환은 주로 인기 있는 소설이나 만화, 동화 등 출판 콘텐츠를 영
화나 애니메이션, 드라마, 게임 등 영상물로 재구성하는 경우가
많지만, 최근 들어 그 반대 현상도 자주 일어나고 있다. 원래 전환
은 다매체 다채널 시대에 나타난 또 하나의 새로운 문화적 현상이
다. 즉, 디지털 시대의 도래로 매체가 늘어나고 장르 간 경계가
사라지면서, 하나의 제대로 된 원소스만 있으면 원소스 멀티유즈
를 고려해 다양한 매체로 활용해서 고부가가치를 올릴 수 있다는
판단에 따라 본격적으로 성행하기 시작한 것이다. 요즘엔 웬만큼
성공한 콘텐츠라면 곧장 다른 매체로 옮겨가고 있는 추세이다. 또
한 전환 시에 각색이 동반되는 경우도 많다. 전환의 예를 들면,
연극 〈이〉가 영화 〈왕의 남자〉로, 다시 뮤지컬 〈공길전〉으로 전환
되어 큰 성공을 거두었다. 이처럼 최근 성공한 영화나 드라마는
상당 부분 인기 있는 원작을 전환시킨 것들이다.[1]

문화원형을 원소스로 하여 콘텐츠를 만들어낼 때는 위에서 언
급한 스토리텔링 방법들이 각기 개별적으로 사용되거나 때로는

---

1) 정창권, 『문화콘텐츠 스토리텔링』, 북코리아, 2008, 51~62쪽에서 일부 인용.

융합되어 사용되기도 한다. 사실 창작 스토리텔링의 경우에도 이야기나 제작양식, 텔링 방법 등은 오리지널 창작물일지언정 그 소재를 문화원형에서 찾는 경우도 많이 있다. 각색과 전환 스토리텔링 방법은 동서고금의 다양한 유형, 무형의 문화원형을 토대로 제작된다.

문화원형을 활용한 콘텐츠와 관련하여서 '문화콘텐츠닷컴(www.culturecontent.com)'과 '스토리 테마파크(http://story.ugyo.net)'를 알아두면 도움이 많이 된다.

한국콘텐츠진흥원은 지난 2002년 창작문화 소재 발굴과 콘텐츠산업 경쟁력 향상을 목적으로 '문화원형 디지털 콘텐츠화 사업'을 시작해 2004년 '문화콘텐츠닷컴'을 오픈한 후 지속적으로 업데이트해 현재 30여만 건의 콘텐츠를 개발했다. 그러나 매우 유용한 문화원형 디지털 콘텐츠를 보유하고 있음에도 불구하고 사용자의 편의성 및 콘텐츠 유료화에 따른 활용 제약이 문제로 제기되었다. 그러자 한국콘텐츠진흥원은 방대한 문화원형 콘텐츠를 비상업적 용도로 활용할 경우 누구나 무료로 사용할 수 있도록 콘텐츠 무료화를 선언하고 문화원형콘텐츠닷컴의 활용도를 개선하기 위해 2012년 6월부터 리뉴얼 작업에 착수했다.

새롭게 오픈한 '문화콘텐츠닷컴'은 '문화원형라이브러리', '문화원형 활용사례', '문화원형이란?', '문화콘텐츠닷컴 소개', '홈페이지 안내'의 큰 카테고리로 되어 있고, 각각의 카테고리는 테마별 분류를 하여 검색할 수 있도록 하였다.

홈페이지에 소개된 문화콘텐츠닷컴 소개는 다음과 같다.

카테고리 중 '문화원형이란?'을 클릭하면 다음과 같은 문화원형에 대한 설명을 볼 수 있다.

문화원형의 이해

5천년, 끝 없는 이야기 문화원형

선사시대부터 현대에 이르는 오랜 역사 속에서 형성된 우리 민족 문화의 모든 것!
정치, 경제, 의식주, 언어, 예술 등 다양한 분야, 이미지, 동영상, 텍스트 등 다양한 형태의 문화원형은 새로운 스토리텔링의 원동력입니다.

'반지의 제왕'과 '해리포터' 등 유럽, 아시아의 원전과 신화 등을 창작소재로 활용한 사례들이 큰 흥행을 일으키면서 전통문화원형이 창작의 중요한 모티브로 활용되어 새로운 창작물로 콘텐츠 경쟁력을 충분히 확보할 수 있음을 확인해 왔습니다.

오랜 역사를 지닌 우리나라에는 다양하게 축적된 문화적인 전통, 역사적인 사건, 신화, 전설, 민담 등 전통문화 속의 풍부한 이야기가 있습니다. 여기에 새로운 상상력과 고도의 제작기술이 더해진 창작물을 만든다면 세계적인 콘텐츠로 거듭날 수 있는 가능성이 무궁무진합니다.

글로벌 시장에서 경쟁력을 확보할 수 있는 콘텐츠 제작과 산업적인 활용을 위해 문화원형의 발굴과 재해석의 노력은 앞으로도 지속되어야 합니다.

문화원형의 이해를 읽다보면 문화원형이란 무엇인지 알 수 있게 됨과 동시에 수많은 문화원형이 문화콘텐츠 스토리텔링의 좋은 자료가 될 수 있음을 인지하게 된다.

보다 구체적인 자료를 찾기 위해서 '문화원형 라이브러리'에 들어가면 주제별문화원형, 시대별문화원형, 교과서별문화원형, 멀티미디어문화원형, 유네스코등재콘텐츠 부문이 분류되어 있다.

여기에서 '주제별문화원형'을 클릭하면 다음과 같은 화면이 나타난다.

'정치/경제/생업'부터 '문화/기타' 항목까지 테마별 소분류가 이루어져 있는데 위의 화면은 '문학' 부문을 클릭해서 나타난 멀티미디어 자료이다. 이 중에 '처용설화'가 궁금하여 〈처용설화〉를 클릭하면 다음과 같이 자세한 자료를 볼 수 있다.

✎ 개요

처용설화는 호국신의 돌봄과 신과의 교류에 힘입어 나라를 태령설대로 유지하려던 왕의 노력과는 달리 주변의 귀족들은 이런 설화정신에는 아랑곳하지 않고 탐학만을 일삼다가 끝내 나라가 망하는 지경까지 가게 된 역사적 사실을 설화적으로 표현한 것이라 할 수 있다.

· 제작기관 : 동의대학교 산학협력단
· 연락처 : 051-890-2401

멀티미디어 콘텐츠   ● 이미지 ○ 동영상 ○ 오디오 ○ 텍스트

더보기 ›

경주계룡   경주계룡무인상   경주계룡무인상...   경주계룡안내판   경주흘덕왕릉무...

홈페이지에는 문화원형 자료뿐 아니라 이 자료들을 활용한 사례 또한 구축되어 있다. 한 예로, MBC 드라마 〈주몽〉 제작에서는 캐릭터, 고구려 복식 및 풍습, 병기, 민간신앙 및 민초들의 역사 등 많은 자료가 문화콘텐츠닷컴에 있는 '고대국가 건국설화 이야기'에서 참고 되었다. 드라마뿐 아니라 영화, 게임, 캐릭터, 디자인, 전시, 교육 등 다양한 장르의 콘텐츠 제작에서 문화콘텐츠닷컴의 문화원형이 활용된다.

또한 일반 사용자들을 위하여 문화콘텐츠닷컴에서는 '마이페이지'를 통한 콘텐츠 스크랩 및 다운로드 기능을 추가함으로써 사용자 편의성을 높였다.

다음으로는 〈스토리테마파크〉를 살펴보도록 하자.

〈스토리테마파크〉는 한국국학진흥원이 소장하고 있는 기록문화유산을 활용하여 전통문화 콘텐츠를 개발하는 사업의 하나로 2011년부터 진행되었다. 그 목적은, 극히 일부의 관심만 받고 있는

조선시대 생활사 자료의 보고인 일기류에 대한 인식을 전환시켜 대중에게 친근하고 재미있는 콘텐츠를 제공하려는 것이다. 또한 시나리오 창작자 및 콘텐츠 제작자에게 보다 구체적이고 실질적인 이용이 가능하도록 창작소재 및 관련 멀티미디어를 제공하여 다양한 이야기 소재를 개발하는데 활용할 수 있도록 하려는 목적도 있다.

스토리테마파크 홈페이지 첫 화면은 다음과 같다.

위에서 볼 수 있듯이 스토리테마파크의 내용은 크게 '테마스토리', '인물캐릭터', '배경이야기'의 세 부분으로 분류되고 여기에 '멀티미디어소개'가 보충자료로 분류되어 있다. '테마스토리'에서는 모든 사건을 주제별로 확인할 수 있고, 일반 역사적 사실정보에 대한 세밀한 묘사 내용과 여러 모티브가 제공된다. '인물캐릭터'에서는 스토리 속에서 갈등을 이끌어 나가는 인물캐릭터가 신분별, 지역별로 분류되어 소개된다. '배경이야기'에는 사건이 발생한 이유와 전개상황 및 이야기 소재의 중요성 등에 대한 배경정보들이 담겨 있다. 그리고 '멀티미디어소개'에는 공간자료, 사건자료, 소품자료, 인물자료, 절차자료, 참고자료를 다룬 내용유형과 3D, 그래픽, 애니메이션, 이미지 등을 담은 미디어유형으로 분류되어 있다.

'테마스토리'를 클릭해 들어가면 다음과 같은 분류화면이 나온다.

왼쪽에 나타난 테마별 분류에서 관심 있는 테마를 클릭하면 되는데, 위의 화면은 '가족, 영원한 동반자'라는 테마를 클릭해서 나타난 화면이다. 화면에 나타난 바와 같이 목록화된 일기자료 중 구체적인 제목 하나를 찾아 클릭하면 알고자 하는 상세한 소개 내용이 나온다.

'인물캐릭터'나 '배경이야기'도 유사한 방식으로 분류되어 있어 필요한 자료를 검색해 찾을 수 있다. '열린마당'에는 활용사례도 들고 있는데 예를 들면 다음과 같다.

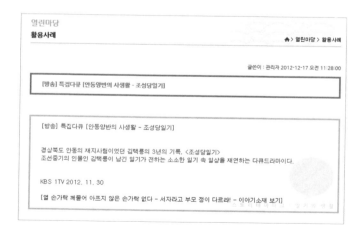

이상 소개한 문화콘텐츠닷컴이나 스토리테마파크는 우리 문화 원형에 대한 양질의 자료들을 소장한 문화콘텐츠의 보고라 할 수 있다. 소장된 귀한 자료들은 문화원형을 활용한 콘텐츠 제작을 기획할 때 스토리텔링에 매우 유용하게 쓰일 수 있을 것이다.

『창의적 발상과 문화콘텐츠 작법』에서는 전통문화 원형의 콘텐츠화에 대한 사례로 판소리를 예로 들어 재미있게 소개하고 있다.

구비문학으로만 인식되던 신화나 전설이 입체적인 영화나 만화, 애니메이션, 게임, 방송 영상, 발레, 오페라, 뮤지컬, 만화, 음반 등으로 바뀌면서 장르 간 경계가 불분명해지고 장르 구분마저 무의미하게 되었다. 각 예술 간의 장르 구별은 물론 예술과 산업 간의 경계도 그 의미를 상실한 지 오래다. 그간 잠자고 있던 온갖 이야기들 또한 디지털 사회가 요구하는 새로운 가치사슬 속에 편입되어 다른 매체적 가치로 전환되고 있다고 언급하며 우리 판소리와 문화콘텐츠 간의 관련을 흥미롭게 짚어준다.

우리나라의 독특한 문화유산으로 손꼽는 것에 판소리가 있다. 판소리는 우리 민중 문화의 꽃으로 일컬어지기도 한다. 판소리에 등장하는 캐릭터로는 성춘향, 이몽룡, 월매, 방자, 향단, 흥부, 놀부, 심봉사, 심청, 관우, 장비, 유비, 제갈량 등의 현실적인 인물로부터 용왕, 신선, 선녀, 도깨비 등의 비현실적인 인물을 비롯하여 제비, 구렁이, 토끼, 별주부, 까치, 사자, 사슴, 까마귀 등의 동물과 연꽃, 향초 등의 식물이 있다. 이처럼 판소리는 한국인의 삶을 가장 선명하게 보여주는 전통문화 콘텐츠라고 볼 수 있다. 한국 사람이라면 누구나 한마디 정도는 들어 본

경험이 있을 정도로 판소리는 한국적 정서와 밀접한 관계를 맺고 있다. 우리는 판소리가 현대 한국인의 이야기가 아닌 전통적인 작품이라는 것을 인정하면서도 한국문화를 대표할 만한 분명한 상징적 문화콘텐츠로 인식하고 있다. 이런 점에서 볼 때 판소리는 한국문화의 한 원형이 될 수 있으며, 또 다시 오늘날을 사는 현대 한국인의 감각에 걸맞은 다양한 문화콘텐츠를 만들어 낼 수 있는 근원이 된다.

지금까지 남아 있는 판소리는 〈춘향가〉, 〈흥부가〉, 〈심청가〉, 〈수궁가〉, 〈적벽가〉 등의 다섯 마당이다. 이 작품들은 이미 뮤지컬, 영화, 동화, 소설, 시, 연극, 오페라, 가곡, 대중가요, 마당극, 회화, 만화, 애니메이션, 지역축제, 캐릭터, 게임, 광고, 방송 프로그램, 테마파크, 테마마을, 박물관, 무용, 인형극, 동요, 탈춤, 모노드라마, 마임, 창극 등 다른 장르의 문화콘텐츠로 개발된 바 있다. 고창에 있는 판소리 박물관이며, 남원의 〈춘향제〉, 넬슨 신 감독의 남북한 합작 애니메이션 〈왕후심청〉 등은 대표적인 판소리 관련 문화콘텐츠이다.[2]

사실 판소리와 같은 우리 국악은 극히 일부의 사람들만이 관심을 갖고 있었던 것이 사실이다. 그런데 최근 장르 간 경계를 허물고 융합이 화두가 되면서 우리 전통문화에도 퓨전과 융합의 문화콘텐츠물이 나타나며 대중의 관심과 호응을 유도해내고 있다. 최근 KT 광대역 광고에는 '국악아이돌'이라는 호칭을 얻을 만큼 인기 있는 국악 소녀 송소희를 등장시켜 민요가락과 전통 춤사위에 얹힌 자사 광대역 LTE 홍보 내용의 광고 콘텐츠를 내보내 소비자

---

2) 김승룡·장미영·주경미, 『창의적 발상과 문화콘텐츠 작법』, 글누림, 2006, 237쪽과 253~254쪽 인용.

들에게 좋은 반응을 얻었다. 우리나라를 대표해 세계에서도 인정받고 있는 팝핀 장르의 춤꾼이자 공연기획자인 팝핀현준과 그의 아내인 국악인 박예리 부부의 공연도 창의적인 스토리텔링 공연이라 하겠다. MBC '휴먼다큐 사람이 좋다' 프로를 통해서도 방송된 바 있는 이 퓨전부부는 우리 전통의 문화원형인 '쑥대머리'나 '흥부가', '아리랑'과 같은 소리에 서양의 비보잉 댄스를 결합하여 참신하면서도 인상적인 공연을 선보이고 있어 동서양의 만남과 같은 크로스 공연 콘텐츠로의 지평을 넓히고 있다.

신화나 전설, 민담과 같은 옛날 옛적의 설화가 콘텐츠로 만들어지는 경우는 우리나라는 물론이고 세계 곳곳에서 많이 찾아볼 수 있다. 그런데 설화 이야기를 직접 각색하여 소설이나 동화, 영화, 애니메이션, 게임 등의 콘텐츠로 제작한 사례와 달리 설화의 역사적 배경이 되는 곳을 찾아 나선 기록이 있어 흥미롭다. 문헌조사와 현장답사를 아울러 한 편 한 편의 기행으로 엮어낸 마이클 우드의 『신화추적자(In Search of Myths & Heroes)』이다. 흔히 우리는 신화이야기를 들으면 등장하는 인물들과 이야기 자체에 관심을 갖는 것이 보통이지만, BBC 역사 다큐멘터리 프로듀서인 저자는 인도, 그리스, 유대, 켈트 신화에 나온 이야기의 배경이 되는 곳을 탐색하고 있다. '숨겨진 파라다이스, 샹그리라', '아르고호 원정대가 찾아간 세상의 끝', '성서와 코란의 여인, 시바의 여왕', '누가 아더왕을 영웅으로 만들었을까?'의 네 가지 추적을 통해 저자는 다음과 같이 말하며 신화의 원류를 조명한다.

"우리의 관심은 이야기 그 자체가 아니라 그 이야기가 긴 세월 동안 어떻게 누적되어 왔는가 하는 데 있다. 이 또한 이야기 못지않게 흥미진진한 것이, 특히 역사가 일어나는 그 순간부터 신화 창조의 과정에 진입하는 방식 때문이다. 그러므로 나는 이 이야기들이 합쳐져서 전체의 합 이상이 되기를 바란다. 이 책에서 나는 신화의 역사적 배경을 탐사할 뿐만 아니라 세계화 시대에 점점 더 빠른 속도로 우리에게서 멀어져가는 과거에 대한 우리의 관계에 대해서도 생각해 보고자 한다."[3]

노르드의 말세 신화를 원형으로 하여 그라비티가 개발한 〈라그나로크〉와 같은 가상현실 속의 롤플레잉 게임을 즐기는 어린 학생들조차 신화의 세계를 경험하는 이 시대에 마이클 우드의 탐색은 신화의 원류를 생각하게 하는 또 다른 문화 원형 스토리텔링일 것이다.

헐리우드에서 만들어져 흥행에도 성공한 애니메이션 콘텐츠 〈포카혼타스〉(1995)는 북미 인디언 설화를 바탕으로 만들어졌으며 〈뮬란〉(1998)은 중국에서 나라를 구한 소녀 목란에 대한 설화를 각색한 것이다. 애니메이션 콘텐츠 창작소재와 전통 민속문화와의 만남을 연구한 이종승[4]은 미셸 오슬로 감독에 의해 만들어진 〈키리쿠와 마녀〉(1998)가 설화를 이용하여 만들어 문화콘텐츠 산업발

---

3) 마이클 우드, 최애리 옮김, 『신화추적자』, 웅진지식하우스, 2006, 6쪽.
4) 이종승, 「애니메이션 콘텐츠 창작소재와 전통 민속문화와의 만남: 미셸 오슬로의 〈키리쿠와 마녀〉와 KBS 위성 TV 〈애니멘터리 한국설화〉를 중심으로」, 『만화애니메이션 연구』 제19호, 2010, 65~88쪽.

전을 위한 원소스 멀티유즈 마케팅 전략 수립에 가장 이상적인 모델을 제시하는 콘텐츠라고 주장한다. 서아프리카의 '아기영웅 설화'와 '마녀 설화'를 반영한 〈키리쿠와 마녀〉는 완성도 높은 시각적인 풍요함, 주제의 고귀함, 친근감 있는 캐릭터, 아프리카 전통음악의 매력 등으로 유년층부터 중·장년층에 이르기까지 고루 사랑받은 프랑스 애니메이션의 대표 콘텐츠가 되었다.

2000년 7월부터 한 주에 15분 분량의 2편의 에피소드로 방영된 〈애니멘터리 한국설화〉에는 '영웅전설'이나 '창조신화'처럼 신화, 전설, 민담이 확실히 구분되는 에피소드가 있는가 하면, 자연과 정령, 도깨비, 귀신, 도술과 관련된 이야기 등 설화의 세 갈래가 특별한 구분 없이 하나의 카테고리로 묶여 수록된 에피소드도 있다. 애니멘터리의 장르적 특성을 잘 살리고 있는 〈애니멘터리 한국설화〉는 하나의 에피소드가 애니메이션과 다큐멘터리로 구성되어 있다. 애니메이션으로 대중에게 우리 설화를 좀 더 친숙하고 쉽게 전달하면서 동시에 내레이션이나 인터뷰와 같은 다큐멘터리적 요소를 융합시킨 것이다. 이종승은 〈애니멘터리 한국설화〉가 영상문화교육 콘텐츠로서 가능성이 있고, 지역문화 개발과 콘텐츠화에 기여할 수 있는 일종의 롤모델로 기능할 수 있다고 주장하는데 어찌되었든 우리 문화원형으로서의 설화가 다양한 양식의 콘텐츠로 개발되는데 활용될 수 있음을 보이는 사례임에는 틀림없다.

서양의 설화를 활용하여 스토리텔링에 성공한 콘텐츠로는 단연 〈반지의 제왕〉과 〈해리포터〉를 들 수 있다. 〈반지의 제왕〉이나 〈해리포터〉는 모두 시리즈물로 되어 있고 설화를 바탕으로 한 소설이 원작이며 영화로 전환스토리텔링된 작품들이다. 판타지 장르로 게르만 신화의 서사구조 특징인 선악의 뚜렷한 대립, 다양한 종족과 우주관, 마법 주문 등에 의한 등장인물의 변신과 같은 흥미로운 요소들은 판타지적 상상력을 자극시켜 대중의 큰 인기를 얻었다. 특히 영화로 전환된 콘텐츠에서는 디지털 스토리텔링의 지평을 확장시켰다고 해도 과언이 아닐 만큼 화려한 컴퓨터 그래픽 효과를 사용하여 방대한 스케일과 환상적 장면, 웅장한 사운드가 영웅적 서사를 뒷받침하며 판타지의 세계를 아름답게 그려냈다. 최근에는 3D 기술까지 급속도로 발전하고 있으니 앞으로 문화원형을 활용한 디지털 스토리텔링의 무한한 가능성이 기대된다.

우리지역의 문화원형을 활용하여 콘텐츠로 기획할 수 있는 스토리텔링
전략을 세워보자.

문화원형	
전환콘텐츠	
스토리텔링 전략	

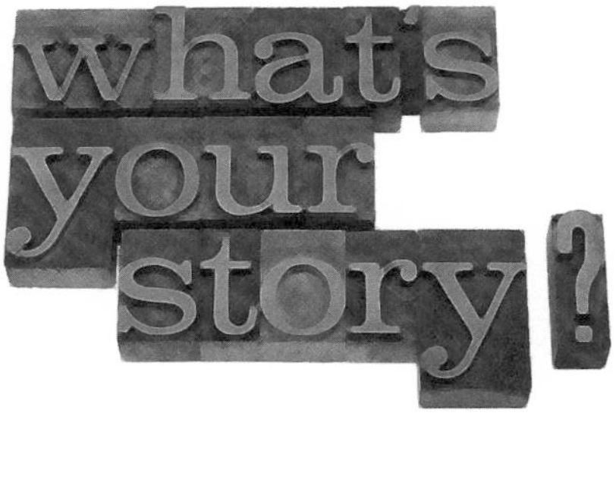
what's
your
story
?

7.
웹툰이 드라마와 영화로

기초 없이 이룬 성취는
단계를 오르는 게 아니라
성취 후 다시
바닥으로 돌아오게 된다.

—윤태호, 웹툰 〈미생〉에서

2014년 4월 15일자 한국일보에는 한류의 다음 타자가 웹툰이라는 취지의 다음과 같은 기사가 게재되었다.

"네이버는 올 하반기 전 세계를 상대로 모바일 웹툰 서비스를 출시한다. '라인웹툰'이란 브랜드도 지었다. 영어와 중국어로 시작하는데 미국, 영국, 호주 및 중국이 타깃이다. 언어사용인구로 보면 무려 15억 명이나 된다. 이를 위해 네이버는 해외 만화시장의 인기장르를 분석하고, 각 언어권 시장에 선보일 작품 선정과 번역을 진행 중이다. 영어권에서는 '신의 탑', '노블레스' 등을, 중국어권에는 '이말년 서유기' 등을 선정해 번역을 진행하고 있다. 네이버 관계자는 "한국 웹툰의 세계화 가능성을 타진하기 위해 지난해 독일 프랑크푸르트 도서전에 참가했는데 우리가 미국 드라마를 번역해서 보듯이 해외에서도 커뮤니티들을 중심으로 우리나라 웹툰을 번역해 보고 있다는 사실을 알았다. 특히 노블레스 등 판타지 웹툰의 인기는 상상 이상으로 높았다."고 말했다.

검색포털 다음은 다음달 미국에서 영향력 있는 웹툰 포털 '타파스틱'을 통해 우리나라 웹툰을 진출시킬 계획이다. 타파스틱을 서비스하는 타파스미디어의 이재은 팀장은, "현재 미국에 서비스되는 웹툰 중 한국 웹툰이 상위 10개 작품 중 절반을 차지할 정도로 미국 내에서도 인기가 높다. 특히 매년 17%정도씩 성장하는 미국 디지털 코믹 시장에서 한국 웹툰의 가능성은 매우 높다"고 말했다.

우리나라는 웹툰의 원조다. 2000년대 초반 포털을 통해 시작된 웹툰은, 처음엔 책장을 넘기는 대신 마우스의 스크롤을 통해 아래로 내리면서 읽는 것이 어색했지만, 인터넷 환경이 보편화되면서 단편 장편 연재물 등 다양한 형태의 작품들을 쏟아냈다. 특히 웹툰은 기존 출판만화에 비해, 동작 등 특수 효과를 가미할 수 있고 배경음악도 깔 수 있어, 젊은 독자층을 빠르게 흡수해갔다.

해외시장은 아직 출판만화가 대세인데다, 웹툰 역시 기존 원작 만화를 디지털화하는 수준에 머물고 있다. 내용도 코믹 위주다. 지난해 세계만화시장 규모는 약 63억 달러, 이중 디지털만화 시장이 7억 3000만 달러이다. 하지만 성장속도는 매우 빠른 편이어서 미국 최대 인터넷 서점인 아마존은 최근 웹툰 앱 서비스 업체 '코믹솔로지'를 인수하기도 했다. 요즘 들어 급격한 성장세를 보이는 일본은 전자서적 시장이 930억엔 규모이고, 이 중 코믹물 시장이 770억엔에 이를 것으로 추산된다.

최근 웹툰 호황의 키는 모바일에 있다. PC에서 모바일로 주도권이 넘어가면서 해외 사용자들 사이에서도 장벽이 낮아졌고 모바일 메신저, 게임 등과 시너지 효과도 크게 나고 있다. 모바일 메신저 게임, 웹툰은 비슷한 취향을 지닌 사용자들을 기반으로 하고 있어 상호 보완성이 높기 때문이다. 타파스미디어 관계자는 "여전히 미국의 만화는 출판만화를 디지털로 스캔해 올린 수준에 불과한데, 한국 웹툰은 웹이나 모바일에 최적화되어 있어 앞서 있다."고 말했다.

　한국 웹툰은 현재 드라마나 케이팝 못지않은 제2의 한류를 꿈꾸고 있다. 업계에선 우리나라 웹툰 만의 독특한 강점으로 '서사구조'를 꼽고 있다. 업계 관계자는 "한국 웹툰은 이야기가 기승전결로 흥미진진하게 전개된다. 게다가 연재물의 경우 드라마처럼 매회 끝나지 않고 전체 스토리가 계속 이어지는 구조를 갖고 있다. 이런 서사구조야말로 외국인들에겐 접해 보지 못한 흥미로운 세계다"고 말했다. 실제로 미국의 디씨코믹스, 마블코믹스의 영웅 스토리나 일본식 만화를 보던 독자들은 한국 웹툰의 독특한 서사구조에 큰 흥미를 느끼고 있다. 덕분에 한국 웹툰은 영화, 드라마뿐 아니라 게임, 연극, 소설, 예능프로그램 소재에까지 진출하는 추세다."[1]

　이 기사 하나만으로도 우리는 한국 웹툰의 가능성이 엄청나다는 것을 단번에 느낄 수 있는데, 그같이 된 데는 한국 웹툰이 독특한 서사구조를 바탕으로 하는 흥미로운 스토리텔링을 전개하기 때문임을 알 수 있다. 또 이것은 웹툰의 해외진출뿐 아니라 원소스 멀티유즈 전략에도 큰 효과를 낼 수 있다.

　칸을 통해 스토리텔링을 전개하는 만화가 원소스 멀티유즈의

---

[1] 강희경 기자, 「한류, 다음 타자는 웹툰」, ≪한국일보≫, 2014.4.15 인용.

원천콘텐츠가 되어 드라마나 영화, 게임 등의 전환 스토리텔링을 성공시킨 사례는 이미 미국의 DC코믹스나 마블코믹스의 만화들을 통해서 잘 알려져 있고, 일본 역시 〈드래곤볼〉이나 〈세일러문〉, 〈도라에몽〉 등 성공한 애니메이션이나 게임 콘텐츠의 원작도 만화이다. 우리나라에서도 〈다모〉, 〈풀 하우스〉, 〈꽃보다 남자〉, 〈궁〉 등 인기를 얻은 드라마의 원작이 만화이며 영화나 게임콘텐츠 산업에서도 원작이 만화인 것들이 많다. 만화는 대부분 만화가 1인 중심으로 창작되며 만화가의 무한한 상상력에 바탕을 둔다. 따라서 다른 콘텐츠에 비해 제약이 적고 창작비가 적게 든다. 반면에 다양한 캐릭터와 탄탄한 스토리를 갖춘 만화는 전환이 용이하며 또한 스토리의 연속이나 다양한 전개로 지속적인 원소스가 될 수 있어 원소스 멀티유즈에 매우 적합한 것이다.

인터넷을 뜻하는 '웹(web)'과 만화를 뜻하는 '카툰(cartoon)'이 합쳐져 만들어진 말인 '웹툰'은 만화가 갖는 장점을 포함하면서 칸이라는 제한마저 없어졌다. 2000년대 초반 시작된 웹툰은 스마트폰의 보급과 발전으로 문화콘텐츠의 주요 장르로 자리매김했다. 포털사이트 다음이 2003년 강풀의 〈순정만화〉 등 작품 2개로 포털사이트 최초로 웹툰 서비스를 시작한 이래로 디지털 매체에 친숙한 젊은 층을 중심으로 급속도로 인기를 얻은 웹툰은 이제 각 포털사이트에서 상당히 활기를 띠며 서비스되고 있다. 나아가 인기를 얻은 웹툰은 영화나 드라마로 제작되고 있다. 2010년에 개봉되어 흥행에서도 성공한 윤태호 작가의 〈이끼〉를 비롯하여 최근에는 허영만 작가의 〈타짜〉, 훈 작가의 〈은밀하게 위대하게〉도 영화화되어 큰 성공을 거두었다.

　강풀 작가의 웹툰은 그 자체의 인기도 말할 것이 없고 거의 모든 작품들이 영화화되었다. 국내 웹툰 시장의 중흥이 강풀에 의해 이루어지게 됐다는 사실은 다음과 같은 글에서 알 수 있다.

　"강풀 이전에도 웹을 지면 대신 사용하는 만화는 있었다. 하지만 그것이 말 그대로 지면을 대신하는 것이었다면 강풀은 웹 특유의 자유로움을 좀 더 활용한다. 대학 시절 대자보를 그리며 만화 실력을 닦은 그는 웹툰에서도 마치 긴 대자보 만화를 그리듯 종 스크롤에 맞춰 이야기를 이어나갔다. 웹에 특화된 새 시대의 연출을 보여줬다는 뜻은 아니다. 그런 면에선 같은 시기에 〈위대한 캣츠비〉를 통해 이후 세대인 하일권 등에게 영향을 미친 강도하의 애니메이션을 보는 것 같은 세련된 스크롤 연출이 더 돋보일지 모른다. 다만 강풀은 탁월한 작화나 사각 프레임에 특화된 기존의 만화 연출 없이도 스크롤을 통해 한 호흡으로 쭉 읽히는 이야기를 만들었을 때 웹툰이라는 매체의 힘이 얼마나 강력해질 수 있는 지 증명했다. 동시대 최고의 스토리텔러라는 타이틀과 웹툰의 조상님이라는 타이틀은 그렇게 조우한다.

　두 번째 장편인 〈아파트〉에서부터 현재 연재작인 〈마녀〉까지 이어지는 멀티플롯은 그래서 중요하다. 멜로부터 미스터리, 공포까지 거의 모든 장르를 다룬 그의 이야기를 하나의 관점으로 정리하긴 어렵다. 다만 그의 작품 대부분은 저마다의 비밀과 사연을 가진 사람들을 위해 하나 이상의 에피소드를 할애한 뒤, 그것이 한줄기로 모이는 방식으로 진행된다. 특히 많은 창작자가 멀티 플롯 자체에 매몰되어 이야기의 진행을 놓친다면, 강풀은 각 인물의 사연이 톱니바퀴처럼 맞물린 순간

솜씨 좋게 가속 페달을 밟는다. 그 끝에 짜릿한 결말이 준비된 건 물론이다. 1990년대 중반의 수많은 출판 인기작들 중 상당수가 제대로 된 결말은 맺지 못하고 호지부지 끝났던 것을 떠올릴 때, 강풀의 만화는 다시 한 번 잘 짜인 이야기가 창작물의 기본이라는 것을 보여주었다. 현재 웹툰의 중흥은 이처럼 가장 기본으로 돌아갔기에 가능한 일이다. 분명 어떤 분야든 단 한 명의 천재가 판을 바꾸진 않는다. 다만 쌓이고 쌓인 여러 계기들을 눈에 보이게 형태로 폭발시키는 하나의 계기가 있을 수는 있다. 강풀의 등장은 바로 그 하나의 계기이며 우리는 지금 그것이 만들어낸 연쇄효과 속에 들어와 있다."[2]

포털사이트에 연재되는 웹툰은 다양한 독자들의 접근성이 좋으며, 콘텐츠로서 인기가 검증되어 흥행 여부를 미리 예상할 수 있다는 장점이 있다. 또한 소설과는 다르게 만화나 웹툰은 어느 정도의 시각화가 이루어졌으므로 실사로 전환되기가 쉽다. 소설을 영화로 제작하는 경우엔 글에서 받은 느낌을 시각적으로 표현하기가 만만치 않지만 웹툰의 경우 이미지가 분명해 영화로 각색하기가 쉬운 것이다.

웹툰 원작을 영화로 전환하는데 가장 큰 걸림돌은 이미 스토리와 결말이 다 공개되어 있다는 것이다. 이러한 점은 영화를 보는 재미를 반감시키고 게다가 영화상영시간이라는 제한 때문에 빠른 전개를 요해 생략되고 건너뛰는 스토리 각색이 원작 팬들에게 실망감을 주고 비난을 받는 요소가 될 수도 있다. 지금까지 웹툰 원

---

2) 위근우, 「웹툰은 강풀 이전과 그 이후로 나뉜다」, ≪한겨레신문≫, 2013.10.11 [토요판] 위근우의 웹툰 네비게이터.

작의 영화로 흥행에 가장 성공한 〈은밀하게 위대하게〉도 비록 대세배우라 칭해지는 김수현의 혼신의 힘을 다한 연기와 인기 덕을 보기는 했지만 웹툰 원작 영화의 한계를 극복하지 못했다는 평을 들었다.

　"많은 인기를 끌었던 동명의 웹툰을 원작으로 하는 영화 〈은밀하게 위대하게〉는 웹툰을 고스란히 스크린으로 옮겨냈다. 영화 초반에는 만화적인 설정을 통해 코믹함을 강조하며 많은 웃음을 만들어낸다. 특히, 김수현의 바보연기는 기대 이상으로 뛰어나 초반부의 경쾌한 분위기를 잘 이끌어 나간다. 해랑과 해진이 등장하고, 북에서의 명령이 내려오는 시점부터 영화의 분위기는 급격하게 진지해 지는데, 유쾌한 분위기의 전반부와 비장한 후반부의 감정선이 제대로 연결되지 못해 어색하게 느껴진다.
　〈은밀하게 위대하게〉는 정치적인 목적과 이념에 희생되는 젊은 청년들에 대한 안타까움, 이웃끼리 서로 부대끼며 사는 따뜻함, 가족애 등을 그리고 있다. 다소 진부한 신파의 요소들이 눈에 띄기는 하지만 달동네 이웃들과 그들이 보여주는 정은 훈훈함을 만들어낸다. 그러나 그 외의 요소들은 있는 듯 없는 듯 존재감을 드러내지 못하거나 덩그러니 떨어져 있어 이질감을 느끼게 하며, 그런 감정들을 강조하기 위한 장면들은 억지 감동을 만들어내려는 것같이 보인다.
　〈은밀하게 위대하게〉가 웹툰을 고스란히 옮겨내려 한 것은 강점보다는 약점으로 작용한다. 한 회 한 회 진행되는 웹툰과 한정된 시간동안 쭉 이어지는 영화는 호흡이 전혀 다른데, 한편의 영화를 통해 웹툰의 모든 것을 담으려고 한 것이 오히려 어느 것 하나 제대로 살리지 못하고 영화를 밍밍하게 만들어 버렸다.

만화라는 장르에서 수용되는 과장과 설정의 빈틈을 그대로 스크린으로 옮겨오면서 리얼리티와 캐릭터들의 행동에 대한 근거가 부족한 것, 영화의 연출과 배우들의 연기로 표현되어야 할 감정들을 고스란히 대사로 읊는 것은 영화에 몰입하는 것을 방해하기도 한다."[3]

위와 같은 기사는 웹툰이 영화나 드라마로 옮겨질 때 매체의 특성에 맞는 전환 스토리텔링이 중요함을 다시 한 번 주지시킨다. 어찌되었든 최근에는 〈패션왕〉이 영화로 제작되어 개봉되었고 또 앞으로 개봉 예정된 영화도 여러 편 있어 웹툰 원작의 영화화는 계속될 전망이니 원작의 전환스토리텔링에 주목할 필요가 있다.

케이블 채널에서 방영되어 2014년 하반기 숱한 사회적 이슈를 불러일으키며 대중문화 신드롬이 된 드라마 콘텐츠 〈미생〉은 웹툰 원작을 훌륭하게 전환 스토리텔링 한 사례이다.

2012년 1월부터 2013년 7월까지 포털사이트 다음을 통해 연재된 웹툰 〈미생〉은 조회수 1억 건을 넘겼고, 이어 출판콘텐츠인 만화로 출간돼 100여만 부가 판매되었다. 그리고 다시 드라마콘텐츠로 전환되어 그 원작의 인기와 열기를 이어갔다. 〈미생〉은 어려서부터 바둑만이 전부였던 장그래가 프로입단이 좌절된 뒤 우여곡절 끝에 종합상사 인턴을 거쳐 비정규직으로 입사해 마주하는 직장생활을 중심으로 다양한 군상의 직장인들의 팍팍한 삶과 애환

---

3) 이현아 기자, 「[리뷰] 은밀하게 위대하게, 원작 그대로 살리려다 원작에 발목 잡히다」, ≪무비조이≫, 2013.6.6 기사 중 발췌 인용.

만화 『미생』   〈미생〉 드라마

을 현실감 있게 그려낸다. 또한 〈미생〉은 직장에서 부딪히는 사건
들을 매회 바둑에 빗대어 흥미롭게 풀어간다. 제목이 의미하는 '미
생(未生)'은 바둑에서 죽은 것도 산 것도 아닌 것으로 어쩔 수 없이
완생(完生)을 향해 나아가야 한다. "우리 아이들을 포함한 많은 사
람들에게 잘못 살고 있지 않다고 말해주고 싶었다. 스스로를 배신
하지 않는다면 그것이 자아가 성취되는 것이다"라는 원작자 윤태
호의 말에서 드러나듯 〈미생〉은 지금 대한민국에서 살아가고 있
는 모든 미생들이 완생이 될 그 날을 향해 나아갈 희망을 전달하려
노력한다.

    드라마 평론가인 김선영은 미생의 서사를 칭찬하며 다음과 같
이 평한다.

"이 작품은 우리 시대의 모든 가치를 성과주의 아래 복속시키고, 모든 관계를 경쟁적·적대적으로 재편한 외환위기 이후의 폐해를 가장 냉혹한 서바이벌 체제의 한복판에서 반성적으로 되돌아본다. 장그래의 이야기가 '실패자'의 입장에서 시작되는 것도 그래서다. 그는 이미 한번 실패했지만 바둑의 '복기'가 은유하는 반성적 성찰을 통해 또 다른 도전을 하게 된다. 이 '실패 이후의 반성적 서사'는 파국의 징후가 여기저기에서 드러나는 현재의 우리 사회에 의미심장한 메시지를 전달한다. 더 나아가 〈미생〉은 반성적 성찰을 통해 생존게임의 폐해가 뒷전으로 밀어낸 중요한 두 가지 가치를 이야기한다. 하나는 장그래 어린 시절의 바둑처럼 물질적 성과만을 목적으로 삼지 않는 "일의 의미"와 즐거움이고, 또 하나는 타인을 존중하는 공동체적 관계의 중요성이다. 이는 영업3팀을 통해 잘 드러난다. 실적이 중요한 회사에서 팀장 오상식이 이끄는 3팀은 쉽고 성과가 분명해 보이는 일보다 "피를 끓게" 만드는 도전을 더 즐긴다. 업무에 혼신의 힘으로 매달리는 그들의 모습에서는 성과사회 노예로서의 면모가 아니라, "상사맨"이라는 호칭처럼 로망스 시대 모험담의 낭만이 느껴진다. 자아성취가 불가능해진 오늘의 노동 현장이 상실한 가치다. 이들이 보여주는 타인 존중과 연대의 윤리 역시 가슴을 뭉클하게 한다. 조건과 성과로 사람들을 줄 세우는 사회와 달리 '누구에게나 자신만의 바둑이 있다'는 장그래 특유의 존중의 윤리는 이미 팀장인 오 과장이 장그래를 통해 미처 몰랐던 사실을 배우는 데서 잘 나타난다. 서로를 통해 배우고 성장하며 경쟁보다 동료를 위하는 영업3팀은 〈미생〉이 추구하는 가치가 체화된 공동체다. 이상적이지만 결코 판타지는 아니다. 한국 사회가 넘어진 바로 그 자리에서 반성을 통해 다시 어느 길을 선택하느냐에 따라 나타나는 풍경이기 때문이다."4)

원작의 탄탄한 스토리와 인기도 물론 드라마 〈미생〉의 열풍에 한 몫 하지만, 드라마로 전환된 〈미생〉은 무엇보다도 전환스토리텔링을 전략적으로 가져갔다는 생각을 지울 수 없다. 종합상사로 설정된 직장생활에 대한 다큐멘터리적 기법은 사실감을 느끼게 하며 많은 직장인들의 공감을 불러왔고 심지어 직장에 다니지 않는 사람들에게조차 간접경험을 톡톡히 할 수 있도록 감정 몰입하게 한다. 거기에 싱크로율 100%라고 평해지는 연기자들 선정에서 이 콘텐츠를 기획할 때 제작진이 얼마나 용의주도했나를 느낄 수 있다. 주인공들의 리얼한 연기는 물론이고 대중에게 다소 낯선 연기자들도 묵묵히 제 역할을 잘해내며 서사흐름에 공헌한다.

〈미생〉은 사실 웹툰에서 웹드라마를 거쳐 케이블 드라마로 진화하였다. 웹드라마는 인터넷이나 모바일을 통한 동영상 콘텐츠 소비를 겨냥해 비교적 짤막한 구성으로 만든 드라마를 말한다. 〈미생 프리퀄〉이라는 이름의 미생 웹드라마는 사실상 웹드라마 콘텐츠의 효시이기도 하다. 다음카카오는 웹툰 미생의 인기가 치솟자 이 웹툰을 이용하여 모바일에서 쉽게 볼 수 있는 동영상 콘텐츠를 모색했고 웹툰 미생의 주요 장면을 뽑아 10분짜리 드라마 6개를 제작했다. 모바일 시대의 소비자를 겨냥한 웹드라마가 모습을 드러낸 것이다.

최근 들어 다음카카오나 네이버는 웹드라마를 통해 콘텐츠 경

---

4) 김선영, 「미생, 이상적이되 판타지가 아닌 세계」, ≪경향신문≫, 2014.11.23 문화비평에서 발췌 인용.

쟁력을 확보하고 모바일 시대의 동영상 주도권을 잡기 위해 온힘을 쏟고 있다. 출퇴근 시간이나 자투리 시간에 스마트폰 등으로 부담 없이 시청할 수 있는 웹드라마는 웹툰과 더불어 차세대 대표 콘텐츠로 자리할 수 있는 가능성을 보인다.

자신이 즐겨 본 만화나 웹툰을 원작으로 하여 전환스토리텔링을 기획해
보자.

원작	
전환콘텐츠 장르	
기획의도	

스토리텔링 특징

8.
이야기가 있는 광고

길은 하나가 아니야.
결승점은 하나가 아니야.
그건 인간의 수만큼 있는 거야.
―일본 RECRUIT 광고 〈누가 인생을 마라톤이라 했나〉 중에서

　‘광고는 20세기의 가장 위대한 예술형식’이라는 마셜 맥루언의 말처럼 현대의 광고는 예술작품 이상으로 예술적이다. 상품미학의 정점이라고 할 수 있는 광고는 종합예술과 테크놀로지를 마음껏 구사할 수 있는 자본력 덕분에 더욱 화려하게 꽃을 피우고 있다. 칸느, 클리오, 뉴욕 페스티벌 등 세계의 유수 광고제는 이제 영화제만큼이나 유명한 축제가 되었다.

　『알고 누리는 영상문화』에서는 광고를 현대 산업사회에서 가장 영향력 있는 대중문화 현상의 하나로 규정한다. 각종 트렌드를 담고 있고, 이를 선도하기도 하는 광고는 직접적인 소비문화를 창출해낸다는 점에서 대중문화 산업의 선두에 서있다. 광고는 다양한 문화 기호들로 짜여진 기호들의 덩어리이자 텍스트이므로 광고 텍스트가 지닌 기호와 그 심층 의미에는 자연스럽게 당대의 문화

와 심상이 담겨 있다.[1]

'감성'에 초점을 둔 광고 기획이 요즘의 트렌드라는 관점에서 본 교재에서는 다양한 광고 유형 중 '이야기가 있는 광고스토리텔링'에 대해 살펴보려 한다. 감성이 중요한 가치로 부상한 이상 21세기는 감성사회가 될 것이고 감성을 건드리는 주요한 촉매가 이야기이기 때문이다.

2014년 1월 애플은 새로운 아이패드 에어(iPad Air) 캠페인 'Your verse anthem'을 선보였다. 웅장하고 다이내믹하며 신비롭기까지 한 영상을 바탕으로 한 전체적인 흐름은 이전 광고였던 'Life On iPad'와 유사하지만 광고의 스토리텔링은 상당히 의미 있는 상징을 내포한다. 1990년에 개봉한 영화 〈죽은 시인의 사회〉에서 존 키팅 선생(로빈 윌리엄스 분)은 학생들에게 휘트먼의 시를 인용하여 '너 자신의 시를 쓰라'고 가르치는데, 이때의 "… What will your verse be?"[2]라는 영화 속 대사가 로빈 윌리엄스 목소리 그대로 내레이션으로 깔리며 영상에는 탐험가, 작곡가, 경기 분석가, 엔지니어, 필름메이커, 해양생물학자 등 다양한 사람들이 아이패드 에어

---

1) 주유신 외, 『알고 누리는 영상문화』, 소도, 2005, 82~83쪽.

2) "We don't read and write poetry because it's cute. We read and write poetry, because we are members of the human race. And the human race is filled with passion. And medicine, lw, business, engineering, these are noble pursuits and necessary to sustain life. But poetry, beauty, romance, love, these are what we stay alive for. To quote from Whitman: 'O me, O life of the questions of these recurring. Of the endless trains of the faithless. Of cities filled with the foolish. What good amid these. O me. O life? Answer: That you are here. That life exists and identity. That the powerful play goes on, and you may contribute a verse. That the powerful play goes on, and you may contribute a verse. What will your verse be?"

와 함께 자신의 삶을 살아가는 모습이 나온다. 광고 속에는 기기의 성능이나 기술에 대한 설명이 없다. 단지 열정을 다해 크리에이티브한 삶을 살아가는 사람들이 자신들의 일을 할 때 아이패드를 효과적으로 활용하고 있는 이야기를 전할 뿐이다. 한 편의 영화 예고편 같은 이 광고는 지구촌 곳곳에 있는 다양한 사람들이 일상의 삶 속에서 아이패드로 자신만의 창의적인 스토리를 만들고 가치 있는 영감을 얻으라는 의미를 전달함으로써 광고의 목적을 효과적으로 달성하고 있다. 또한 이 광고의 스토리텔링은 "기술과 제품 그 자체가 아니라 사용자 경험의 가치를 이야기하는 스토리에 집중하라!"는 광고 캠페인과도 잘 맞아떨어진다.

애플은 'Your Verse' 광고에 연이어 시리즈로 개별 전문가들의 일상과 그들의 삶에 함께하는 아이패드 광고를 선보이고 있다.

아이패드 'Your Verse' 시리즈 두 번째 광고인 'Esa-Pekka's Verse'와 'Cherie's Verse'에서는 영국 필하모니 오케스트라의 지휘자이면서 작곡가인 Esa-Pekka Salonen과 청각장애 여행작가인 Cherie King의 아이패드 활용 모습을 다큐멘터리 컨셉으로 보여주며 감성적인 스토리텔링을 전개하였다. 또한 단순히 짧은 광고의 영상효과나 감동이 아니라 이들의 페이지를 만들어 뒷이야기까지 들을 수 있도록 배려하였다. 'Esa-Pekka's Verse'에서는 이 예술가가 어떻게 아이패드로 음악적 영감을 기록하고 정리하며 오케스트라 연주를 위해 모니터링해서 조율하는 지를 보임으로써 아이패드의 성능과 활용에 대한 신뢰를 높여주고 있다. 'Cherie's Verse'에서는 Cherie King의 여행 모습 속에서 지도, 통역, 사진, 기록, SNS 등 여행 중에 필요한 다양한 도구로서의 아이패드 활용모습이 부각

된다. 특히 청각 장애인 그녀가 아이패드와 함께 여행하는 모습은 더욱 의미 있게 다가온다.

세 번째 아이패드 광고인 'Jason's Verse'와 'Yaoband's Verse'에서는 미국 디트로이트에서 〈Slow Roll〉이라는 자전거타기 장려 단체를 설립한 지역 활동가 Jason Hall과 중국의 일렉트로 팝 인디밴드인 Yaoband의 이야기를 소개한다. Jason은 매일 아침 아이패드로 동료로부터 온 메시지를 확인하고 일정을 조율하며 자전거를 타고 이동하는 중에도 다음 행사의 포스트를 제작한다. 동료들과 만난 자리에서는 아이패드가 화이트보드가 되어 쓰이고 Slow Roll을 관리하는 모든 작업 역시 아이패드로 이루어진다. Yaoband 편에서는 중국 전역을 이동하면서 아이패드를 이용해 소리를 샘플링하고 즉석에서 비트를 만들어 음악을 창조하는 크리에이티브한 모습을 통해서 규모 있는 스튜디오나 기획사를 갖지 못한 인디밴드에게 아이패드가 얼마나 유용하게 쓰이는 지를 효과적으로 스토리텔링하고 있다.

2016년에는 애플에서 아이폰으로 제작한 광고콘텐츠 'Shot on iPhone' 시리즈를 참신한 음악과 함께 소개하였는데 아이폰 광고효과를 높이며 대중들의 뜨거운 호응을 얻었다.

미국의 유명 유튜브 채널인 'WatchMojo'에서는 지금까지의 애플 광고 중 최고의 애플광고 10편을 선정해서 소개하고 있는데[3] 언제나 혁신적인 스토리텔링을 펼친 애플 광고의 진화를 볼 수 있어 흥미롭다.

---

3) https://www.youtube.com/watch?v=ilarNBQHevA&feature=youtu.be

"바라지 않고 주는 것, 가장 아름다운 대화입니다" 유튜브에 올려진 태국의 이동통신회사 'True Movie H'의 광고영상은 많은 이들에게 가슴이 찡하는 감동을 준다. 한 남자아이가 약국에서 아픈 엄마에게 갖다 줄 진통제를 훔치다 들켜 주인에게 혼이 난다. 옆 식당의 주인은 대신 진통제 값을 치러주고 어린 딸아이를 시켜 스프까지 남자아이에게 건넨다. 30년 후. 뇌출혈로 쓰러져 의식을 잃고 병원에 입원해 있는 식당주인. 성장한 딸은 엄청난 진료비 청구서를 보며 낙담하고 가게를 처분할 생각까지 한다. 아픈 아버지의 침대 모서리에서 엎드려 깜빡 잠들다 깬 딸의 앞에 진료비 청구서가 새로 놓여 있다. 청구액 0바트. 그리고 하단에 쓰인 글. "진료비 전액은 30년 전에 지불되었습니다. 진통제 3병, 그리고 야채스프 1봉지. 안녕히 계세요. 닥터 프라작 아룬쏭 올림." 3분의 영상 속에 베푸는 것이 진정한 소통의 시작이라는 의미를 담은 이야기의 여운이 진하다.

세안용품으로 유명한 도브 회사의 이야기가 있는 광고도 신선하다. 다큐멘터리 기법의 3분짜리 영상광고인데 사람의 얼굴에 관한 이야기이다. 법의학 아티스트가 커텐을 사이에 두고 사람을 앉힌 후 실제 얼굴은 보지 않고 그 사람 자신이 생각하는 자기 얼굴을 말하게 해 그림을 그리고, 조금 전에 그 사람과 만났던 다른 사람을 앉힌 후 만난 사람의 얼굴 모습을 이야기하게 해 한 번 더 그린다. 그러고 나서 그 사람 자신이 두 그림을 비교해 보게 함으로써 다른 사람이 보는 자신의 얼굴이 자신이 생각하는 자화상과 큰 차이가 있음을 알게 한다. 그렇게 몇 사람을 실험한 후, "당신은 당신이 생각하는 것보다 더 아름답습니다"라는 말과 함께 영상은 끝이 난다. 다큐멘터리 기법과 실험 형식을 도입한 스토리텔링이 창의적이고, 광고에 등장한 여성들이 실험 후 자신의 얼굴에 대해 자신감을 찾는 모습이나 다른 사람들에게 친근하게 대하는 것이 자신의 얼굴에 영향을 미친다는 것을 느끼게 되는 모습 등이 훈훈하다.

국내에서도 사람들의 삶의 단면들을 뽑아 시리즈로 기획하여 성공을 거둔 광고 콘텐츠가 있는데, 2005년 대한민국 광고대상을 수상한 삼성생명의 "인생은 길기에" 시리즈이다. 처음 브래지어를 착용하며 수줍어하는 딸, 어느새 늘어난 뱃살을 만져보는 남편, 비로소 멋을 부리기 시작하는 어머니, 남자 티를 내며 여탕에 들어가기 싫어하는 어린 아들, 부끄러움보다 실속을 더 챙기는 아줌마가 되어 버린 아내의 이야기 등 일상의 에피소드를 연예인이 아닌 일반인 모델로 사실적으로 담아냈다. 당시 심사위원장이었던 이화여대 이영희 교수는 "우리 주변에서 흔히 볼 수 있는 가족을 모델로 삼아 일상의 단면을 섬세하고 공감이 가는 느낌으로 연출했다"고 평했다.

크리에이티브한 스토리텔링의 시리즈 광고로 인기를 얻은 삼성전자의 휴대폰 애니콜 햅틱 광고 또한 이야기가 재미있다. 2009년에 선보인 이 광고는 당시에 인기를 끌었던 드라마 〈꽃보다 남자〉의 김범, 김현중, 김준과 여가수 손담비를 캐스팅하여 '햅틱미션 시즌 1'이라는 타이틀로 신입사원 생활을 시리즈로 보여주었다. 햅틱미션 영상은 공개 6일 만에 온라인 영상 클릭수 100만 회를 기록하는 대기록을 세웠다. 이 광고는 스타 4인의 면접 준비 과정부터 실제 면접 현장까지를 담은 '햅틱미션 에피소드 1'을 비롯하여 신입사원 환영회, 장기자랑, 애니콜 사원이 된 후 휴대폰 마케팅이라는 미션을 수행하며 겪는 이야기들을 다루었다. 에피소드별로 구성되어 케이블 채널을 통해 방영된 영상 시리즈는 대중의 호기심과 대리만족을 이끌어냈다. 정해진 대본 없이 리얼 버라이어티 형식을 이용해 스타들의 생생한 모습을 보여준 '햅틱 신입사원' 시리즈는 기존의 뮤직드라마 형식의 광고와 차별되는 참신한 스토리텔링이라 하겠다.

최근의 시리즈 광고로는 SK 텔레콤의 감성 스토리텔링 광고 '100년의 편지'가 눈에 띈다. 2014년 상반기에는 톱스타들을 내세워 "잘생겼다"만을 줄곧 외쳐대던 SK 텔레콤이 하반기에 아날로그 감성의 '편지' 컨셉으로 광고를 시작했다. 마치 예전 타임캡슐 놀이와도 유사한 편지쓰기 앱을 만들어 미래 시점의 누군가에게 예약해 놓는 서비스를 하면서 이것을 짧은 광고 영상으로 만들어 대중에게 소통의 의미를 깨우치고 진정한 마음의 전달이라는 공감까지 얻었다.

60초짜리 〈100년의 편지: 런칭 편〉에서는 예전의 통신 수단인 우체통과 우체부를 메타포로 활용하여 통신의 본질을 조명하며 100년의 편지 캠페인의 취지와 의미를 이해시킨다. 아날로그를 연상시키는 담담하면서도 서정적인 분위기가 대중의 향수를 자극하고 이 캠페인의 진정성을 느낄 수 있게끔 한다. 〈런칭 편〉에 이은 〈결혼 편〉에서는 신부가 10년 뒤의 남편에게 보내는 메시지를 보여준다. 신부의 목소리에 결혼식장 모습이 오버랩되며 설레고 행복하고 긴장되는 신부의 복잡한 심정이 영상으로 전달된다. 〈출산 편〉에서는 갓 태어난 아기를 안은 산모가 30년 뒤 어른이 되어 있을 딸에게 전하는 메시지이다. 아기를 낳는 산모의 고통스러운 모습에 대비되는 엄마의 정감어린 목소리가 잔잔한 감동을 준다. 〈할아버지 편〉에서는 생일을 맞은 할아버지가 할머니에게 전하지 못했던 말 "나 안 심심하게 오래 오래 살아주오"라는 메시지를 통해 우리네 할아버지들의 사랑의 표현 모습을 보여주며 SK 텔레콤이 노년층에게도 유용한 통신수단이 될 수 있음을 간접적으로 홍보하고 있다. 〈신입사원 편〉에서는 신입사원이 긴장과 설렘을 안고 출근하는 모습과 첫 날을 보낸 후 20년 뒤의 자신에게 보내는 메시지이다. 자신에게 보내는 설정이 다소 어색하고 쑥스러울 수 있지만 밝은 톤으로 친근감이 느껴지도록 스토리텔링을 전개하였다. 후속편인 〈군대 편〉과 〈고백 편〉 또한 생생한 전달력으로 인해 젊은이들의 공감을 불러일으킨다. 여기에 시리즈는 한국사회에 점점 늘어나고 있는 외국인 노동자들에 대한 배려도 덧붙인다. 〈핫산 편〉에서는 고국에 남겨둔 아들에게 메시지를 남기는 외국인 노동자의 모습과 "사랑한다, 아들아"라는 메시지를 통해 국경과 언어, 문화를 초월하는 보편적 사랑의 감정에 호소하며 공감을 끌어낸다. 태어나고, 사랑하고, 군대에 가고, 회사에 출근하고, 고백하고, 결혼하고, 함께 늙어가는 우리 모두의 삶의 모습이 투영됨으로써 모든 세대, 모든 사람들이 함께 추억하고 공감할 수 있는 이야기가 감성적 톤의 영상으로 전달되는 콘텐츠 기획물이다.

두산그룹의 "사람이 미래다" 광고캠페인도 이야기가 있는 광고의 대표적인 예이다. 시리즈마다의 메시지가 카피와 잘 어울어지며 대중들에게 각인되어 오랜 기간 이어져 왔으나 2015년 '두산인 프라코어 신입사원 희망퇴직 사태'로 인해 대중의 놀림을 받게 되자 2016년 가을, "사람이 미래다" 캠페인을 전면 폐지하고 "두산은 지금 내일을 준비합니다"로 바꾸어 내일 더 주목받는 기술을 찾겠다는 새로운 기업이미지를 홍보하는 광고를 만들었다.

클라우스 포그·크리스티안 부츠·바리스 야카보루의 공저 『스토리텔링의 기술』에 언급된 바에 의하면, 1980년대 후반부터 1990년대를 거치는 동안 광고계에는 '연재물 TV 광고'라는 하나의 장르가 나타났고 이는 급속도로 발전하였다. 연재 광고는 개별 에피소드를 통해 전체 스토리를 이루는 영화나 드라마, 시트콤 등의 프로그램에서 영감을 받은 결과였다. 연재 광고의 등장으로 스토리텔링이 그 형태를 갖추게 되었고, 광고라는 장르를 영화 제작과 같이 창조적이고 섬세한 영역으로 인식하게 되었다. 연재 광고의 특징은 상품과 가격보다 소비자가 함께 즐기고 공감할 수 있는 스토리를 더 중요하게 여긴다는 점이다. 우리가 영화나 TV 드라마를 보면서 공감하는 것과 같은 방식이다. 첫 번째 연재 광고의 길을 열어준 것은 1987년 네슬레가 영국에서 시작한 '네스카페 골드 블렌드(NESCAFE Gold Blend)'라는 광고이다. 이 광고는 브루스 윌리스와 시빌 셰퍼드가 주연을 맡은 〈블루문 특급(Moonlighting)〉이라는 유명한 TV 연속극을 차용했다. 이 광고는 후에 영국 역사상 가장 인기 있고 오래 방영된 광고가 되었다.[4]

드라마 형식, 예능 형식, 다큐 형식 등 다양한 형식을 차용한 연재광고는 대중으로 하여금 다음 편을 기대함과 동시에 이어지는 스토리나 메시지, 정보에 집중하게 함으로써 스토리텔링 효과를 높이므로 지금도 활발하게 만들어지고 있다.

　국내의 커피 광고들은 인기 연예인을 내세우고 감성적인 카피로 대중에게 어필하는 것이 특징인데 최근에는 연예인이 아닌 커피 전문가가 등장하는 차별화된 스토리텔링을 전개한 광고가 나타나 눈길을 끈다.[5] 내레이션에 집중하며 광고의 영상에는 연예인 모델은 등장하지 않고 처음부터 끝까지 커피가 공정되는 과정, 전문 지식을 가진 큐그레이더의 모습 등이 나온다. 이것은 광고 콘텐츠에서 연예인의 유명세에 의존하여 그들이 제품을 즐기는 모습을 보여줌으로써 대중의 욕망을 끌어내려는 일반적인 기획과는 다르게 보다 더 제품 특성에 맞춘 전문화된 광고 스토리텔링이라 할 수 있다. 인터넷과 스마트폰의 발달과 확산으로 정보를 얻고 지식을 습득하기 쉬운 요즘 같은 시대에 전문적인 광고는 대중으로부터 어느 정도 검증된 정보라는 신뢰를 쌓기에 충분한 스토리텔링이 되므로 앞으로 더 확산될 것으로 보인다.

　기존의 잘 만들어진 스토리를 활용하거나 대중에게 익숙한 놀이나 게임에 착안하여 만들어진 스토리텔링도 광고 콘텐츠에서

---

4) 클라우스 포그·크리스티안 부츠·바리스 야카보루, 황신웅 옮김, 『스토리텔링의 기술』, 멘토르, 2008, 195쪽 인용.

5) "할리스에는 큐그레이더가 있습니다. 세밀한 테스트를 통한 최적의 생두 선정.
　커피의 신선함을 위해 반드시 국내 로스팅. 물 한 방울까지 꼼꼼히, 최고의 큐그레이더가 만드는 커피의 맛과 향.
　할리스 커피가 맛있는 이유입니다. 커피를 사랑하는 사람들의 커피, 할리스 커피"

성공하는 경우가 빈번하다. 다음은 「스토리텔링의 기술」에 나타난 애플 컴퓨터 광고의 스토리텔링에 관한 글로 잘 만들어진 스토리를 활용한 사례이다.

1984년 소개된 매킨토시는 그저 하나의 신상품이라는 의미를 넘어 애플에게 있어 세상을 바꿀 수 있는 기술적인 혁명이었다. 애플은 매킨토시를 소개하는 광고를 만들기 위해 조지 오웰의 고전 『1984』 이야기를 차용했다. 이 과학소설은 정당이 모든 정보를 통제하고 대중을 사회 시스템이 바라는 대로 움직이도록 세뇌시키는 전체주의 사회를 묘사한다. 소설 속 사람들은 끊임없이 감시와 단속을 두려워하지만 그 이면에서는 조용한 혁명의 기운이 끓어오르고 있었다. 소설 『1984』를 참고해 애플은 스스로 기존 체계에 반대하는 반항아의 모습을 내세웠다. 새로운 매킨토시가 제공하는 정보기술을 통해 개인이 그들만의 방식으로 스스로를 표현할 수 있는 기회를 가질 수 있다는 내용의 스토리를 만들었다. 동시에 만약 애플이 존재하지 않는다면 세상이 얼마나 암울할 것인지를 표현했다.

"광고는 회색 옷을 걸치고 한결같이 무표정한 얼굴을 하고서 마치 로봇같이 행진하고 있는 우울한 사람들과 그런 사람들로 가득한 감옥 같은 끔찍한 장소를 보여줍니다. 마침내 그 우울한 사람들은 커다란 스크린 앞에 운집하게 되고 스크린에 나타난 독재자는 강한 어조로 다음과 같이 이야기합니다.

'우리의 공통된 생각은 지구상의 어떤 군대나 함대보다 더 강력한 힘을 가진 무기다.'

그 때 색색의 옷을 입은 젊은 여성이 등장합니다. 단속반이 그녀를 쫓지만 그녀는 있는 힘껏 그 커다란 스크린으로 돌진해 거대한 해머를 휘둘러 화면을 산산조각 내 버립니다. 그리고 이내 다음과 같은 메시지가 등장합니다.

'1월 24일, 애플 컴퓨터는 매킨토시를 소개할 것입니다. 그리고 여러분은 왜 1984년이 『1984』가 되지 않을 것인지 그 이유를 알게 될 것입니다.'

이 유명한 광고는 할리우드의 가장 뛰어난 스토리텔러 중의 한 명인 리들리 스콧에 의해 촬영되었습니다."

이와 같이 다소 정치적인 콘텐츠를 선택하는 것은 논쟁의 소지와 위험성을 가지고 있다. 애플은 스스로를 사람들을 구해주는 영웅으로 설정하고 공공연하게 스토리의 적대 세력으로 IBM을 지목했다. 당시 IBM은 시장에서 독점에 가까운 위치를 확보하고 있었으므로 자연히 애플이 반기를 드는 획일성의 전형으로 꼽히게 된 것이다. 애플의 기본적인 메시지는 그때부터 지금까지 이어진다. 애플의 브랜드는 '창조적 다양성과 틀을 벗어난 생각'이라는 스토리를 핵심스토리로 이용하고 있다.6)

다음은 김동완이 『카피라이터가 사랑한 소설』7)에서 소개한 나이키 광고로 집단놀이를 활용한 스토리텔링이다.

1972년 스탠퍼드 대학 MBA 출신인 필 나이트가 창립한 나이키는

---

6) 위의 책, 212~214쪽 인용.
7) 김동완의 『카피라이터가 사랑한 소설』에는 20편의 소설과 20편의 광고를 선정하여 소설과 광고의 연관을 이야기한다. 실제로 광고 일을 한 저자는 자신의 광고 아이디어의 원천이 소설이라고 서문에 밝혔듯이 인문학에 대한 깊은 통찰로 광고를 이야기한다.

짧은 기간에 메가브랜드로 굳건히 자리잡았다. 원래 일본에서 수입한 운동화를 차에 싣고 다니며 팔던 나이트는 현대사회에서 중요한 것은 사용 가치가아닌 기호 가치임을 일찍이 깨달은 인물이다. 즉, 나이키는 광고를 팔고 있으며 운동화는 부산물일 뿐이다.

2002년 칸광고제에서 그랑프리를 받은 나이키 광고는 '술래잡기' 게임을 소재로 하고 있다. 술래가 나를 치면 내가 술래가 되어 다른 사람을 잡으러 가야 하는 우리에게도 익숙한 게임이다.

혼잡한 도시 안에서 한 청년이 태그 되어 술래가 된다. 그 순간 모든 사람들이 술래를 피해 도망가고 숨기 시작하는 등 도시 전체가 게임에 참여한다. 술래는 빨리 술래에서 벗어나기 위해 이 사람 저 사람 쫓아 다니는데, 쉽지가 않다. 마침내 술래는 사람들이 많이 모여 있는 지하철 정거장까지 쫓아간다. 간발의 차이로 전동차 문이 닫히고 플랫폼에서 술래는 숨을 헐떡거린다.

저 멀리 전동차를 타지 못한 청년 하나가 서성거리고 있는 것이 보인다. 그는 술래잡기 게임이 진행되고 있는 걸 모르고 있다. 차 안에 있는 사람들이 손짓 발짓을 하며 그에게 빨리 도망가라고 신호를 보낸다. 차 안 사람들의 말이 안 들리는 청년은 영문을 몰라 한다. 그때 술래가 청년을 본다. 술래는 청년을 향해 돌진한다. 청년은 놀라 달아나고 술래는 그의 뒤를 쫓는다.[8]

광고는 여기에서 끝나지만 거대 브랜드가 벌이는 기호의 게임은 지금 이 순간에도 진행되고 있다고 김동완은 얘기한다. 술래잡

---

8) 김동완, 『카피라이터가 사랑한 소설』, 아트북스, 2007, 37~38쪽 인용.

기처럼 SNS에서 해시태그를 이용한 집단 놀이도 광고에 이용될 때이다.

2014년 6월 7일 저녁에 미국 시카고에서는 '에너자이저 나이트 레이스'가 진행되었다. 헤드라이트 불빛과 함께 사람들은 토끼모양의 머리띠를 착용하고 레이스를 즐겼다. 한국에서는 에너자이저 건전지의 마스코트로 '백만돌이'를 더 떠올리지만 미국에서는 드럼 치는 핑크 토끼가 여전히 인기가 높다.

〈에너자이저 버니(Energizer Bunny)〉

이 핑크 토끼는 건전지계의 강력한 라이벌인 듀라셀의 마스코트인 듀라셀 버니(Duracell Bunny)를 의식하여 에너자이저에서 1989년에 경쟁자로 개발한 에너자이저 버니(Energizer Bunny)이다. TV

광고에서 코믹하게 팔굽혀펴기를 백만 개 이상 하는 모습으로 우리에게 잘 알려진 백만돌이는 1990년대 캐릭터로 에너자이저 버니의 후속 캐릭터인 셈인데 이 두 마스코트는 현재까지도 에너자이저의 대표 캐릭터인 동시에 다양한 곳에서 패러디물로 차용되고 있다. 에너자이저의 광고들은 웃음을 유발하면서 강렬한 인상을 남기는 광고들로 지속적으로 대중의 사랑을 받아왔다. 그 중 우리가 잘 아는 이야기인 〈알라딘의 램프〉를 모티브로 차용한 광고가 있다.

피라미드 안에서 발굴 작업을 하던 한 탐험가가 낡은 궤짝에서 램프를 발견한다. 표면의 먼지를 닦아내기 위해 조심스럽게 문지르자 굉음과 섬광이 일어나며 램프에서 터번을 두른 한 거인이 나타난다. 마치 알라딘의 램프에 나오는 거인 지니처럼. 거인은 자신을 풀어준 탐험가에게 세 가지 소원을 들어주겠다고 얘기한다. 탐험가가 부자가 되고 싶다고 하자 금은보화가 쌓인다. 두 번째로, 여자들에게 둘러싸이고 싶다고 하자 미인들이 나타난다. 이제 마지막 소원 하나. 탐험가는 영원히 살고 싶다는 소원을 말하고 그 말이 끝나자 탐험가는 모자만 남긴 채 사라진다. 놀란 미인들이 고개를 숙여 발밑을 보니 그 아래에는 선글라스를 낀 에너자이저 토끼 인형이 드럼을 치고 있다. 껄껄껄 웃는 거인, 그리고 토끼인형에 끼워진 에너자이저 건전지를 클로즈업하며 광고는 끝이 난다. 인종이나 성별, 세대에 관계없이 전 세계 모두가 좋아하는 이야기인 〈알라딘의 램프〉를 활용하여 영원히 살 것처럼 오래 가는 건전지 에너자이저를 효과적으로 표현한 스토리텔링의 예라고 할 수 있겠다.

자신이 알고 있는 재미있는 이야기를 활용하여 특정 제품의 광고나 동아리, 학과, 기업 등의 홍보를 기획해 보자.

스토리보드	

9.
포토에세이에서
스마트폰 영화까지

사람들은 작가가 자신의 상상력을 바탕으로
이야기를 만든다고 생각한다.
하지만 작가는 그 주변 인물들의 이야기를 들으며
이야기를 써내려간다.

—영화 〈그랜드부타페스트 호텔〉 중에서

　에세이(essay)란 그 사전적 정의에 의하면, 개인의 상념을 자유롭게 표현하거나 한두 가지 주제를 공식적 혹은 비공식적으로 논하는 비허구적 산문 양식으로서, 통상 일기·편지·감상문·기행문·소평론 등 광범위한 산문양식을 포괄한다. 따라서 에세이는 모든 문학형식 가운데 가장 유연하고 융통성 있는 것 가운데 하나이며 쓰는 형식이 일정하게 따로 정해져 있지 않다. 포토(photo)란, 빛에 의해 창조된 이미지로서, 어원적으로는 빛으로 그린 그림, 또는 빛으로 쓴 글로 풀이된다.

　에세이와 포토의 정의를 살펴볼 때, 두 단어의 합성어인 포토에세이(photo essay)는 한 마디로 사진과 글을 합한 것을 의미한다. 포토에세이에서 글은 사진과 무관한 낙서 수준이 아니라 사진을 더욱 유의미하게 만들어줄 수 있으며 자신의 진실된 생각이 담겨 있어야 한다.

다음을 보자.

엄마와 함께 간 남해여행길에서 실컷 혼자 흥을 내다 문득 돌아본 엄마 모습에 코끝이 찡해지며 알 수 없는 감정이 솟구쳤다. '엄마는 바다 보며 무슨 생각을 저리도 진지하게 하고 계실까?' 입버릇처럼 엄마가 하던 말이 생각난다. "개똥밭에 굴러도 이승이 좋다더라." 엄마의 잔주름 많은 얼굴을 오래 오래 보고 싶다.

왼쪽과 오른쪽을 비교해 보자. 우리는 왼쪽과 같이 사진만 있을 때 왜 저 사진을 찍었는지 사진 찍은 이의 의중을 전혀 헤아릴 수 없다. 그저 사진에 나타난 이미지로만 가늠할 뿐이다. 그러나 오른쪽과 같이 사진과 그 사진에 연관된 짧은 글을 읽으면 사진 찍은 이의 심정에 다소 공감을 한다. 그저 바다를 보고 있는 늙은 어머니의 얼굴로서만이 아니라 그 어머니를 향한 사진 찍은 이의 애틋한 애심을 같이 느끼는 것이다. 포토에세이의 효과는 바로 그런 것이다. 어떤 장르의 콘텐츠이든 콘텐츠가 갖는 가장 중요한 요소, 즉 소통과 공감이 포토에세이에도 자리한다.

1930년대 미국에서는 포토저널리즘(photo journalism)의 시대가 시작되었다. 대상이 되는 사실이나 시사적인 문제를 사진기술로써 표현하고 보도하는 저널리즘인 포토저널리즘(사진 저널리즘)은 언론의 한 분야로서 언어 대신 사진을 통해 사건 그 자체를 보도하거나 또는 언어로 된 보도기사를 보충하는 언론행위를 말한다. 신문사·잡지사 등의 사진기자 또는 방송국의 카메라맨들의 사진이나 영상을 통한 보도활동이나 분야를 가리키며, 세계적으로 유명했던 것으로 주간지 〈Life〉가 있다. 미국에서 1936년 11월 23일, 〈Life〉지가 창간되었는데, 편집 방식에 있어서 사진을 읽도록 독자를 유도하는 엮음 사진에 의한 포토에세이(photo essay)나 포토스토리(photo story)라는 독자적인 양식을 확립하였다. 동영상의 발달로 사진에 의한 정보 전달이나 이야기 짓기는 다소 주춤하는 듯 했으나 최근에는 단지 저널리즘 분야만이 아닌 여행, 패션, 건축, 음식 등 다양한 일상 스토리텔링 속에서 포토에세이는 빈번하게 활용된다.

이 책에서 사진에 대한 이론이나 기술적인 정보를 언급할 필요는 없지만 포토에세이의 두 요소가 포토와 에세이니만큼 평소에 사진 찍기를 놀이처럼 즐겨 하고 다른 사람이 찍은 사진을 보고 해석하고 상상하는 힘을 기를 필요는 있다. 사진이 갖는 이미지 기호의 상징성은 무한하고 사진을 찍는 사람이나 감상하는 사람 모두에게 나름의 리터러시로 상상의 날개를 펼치게 한다. 한 예로, 카피라이터 최현주의 『사진의 극과 극』은 독자들의 사진이해에 대한 지평을 넓히고 독자들의 상상력을 넓히고자 저자 특유의 홍미로운 해석으로 맛깔난 사진읽기를 하고 있다.

"2009년 겨울, 서울 국제사진페스티벌에서 프랑스 사진가 필립 하메트의 작품들을 만났다. 책상 위에 두 발끝만 살짝 걸친 채 허공에 떡하니 누워 담배를 피우는 사람, 바닷속에서 신문을 읽는 사람, 나무 위를 수평으로 걸어가는 사람… 모두 중력이 무시된 상상 속의 이미지들이었다.

'포토샵으로 잘 합성한 흥미 있는 이야기들이로군.' 이렇게 생각하며 쓱 훑어보고 돌아섰을 때 작품 맞은편에 있는 스크린이 눈에 들어왔다. 작품을 만드는 과정이 동영상으로 촬영되어 있었다. 아니, 이런!

외모만으로는 정열적인 예술가라기보다 점잖은 은행원처럼 보이는 필립 하메트는 실상 엉뚱하고 부지런한 사람임에 틀림없다. 모르긴 몰라도 어린 시절 말썽 깨나 피웠을 것이다. 그의 이미지들은 그가 상상하거나 진짜로 꿈에서 본 것들이다. 그는 이 가상현실을 하나하나 진짜 현실로 만들어내기 위해 자신의 머리와 몸을 썼다. 디지털 합성 방법을 이용하지 않고 실재의 노동과 실험을 택했던 것이다.

먼저 드로잉을 하고 설계를 하고 목공소에 문의해 나무로 지지대를 만들거나 쇠로 설치물을 만들어 바닷속이나 고층 건물 옥상에 설치한다. 그리고 스스로 가상현실의 주인공이 된다. '합리적인 게으름(Paresse irrationnelle)'이라는 제목이 붙은 이 사진을 찍기 위해 그는 목에서 발끝까지 옷 속으로 이어지는 긴 설치물을 이용했다. 작가가 실제로 바닷속에 들어가 신문을 읽고 있을 때 사진 프레임 밖에는 산소호흡기를 메고 대기중인 잠수부들이 필요했다. 상당한 시간과 노력이 필요한 이런 방법들을 기꺼이 연구하고 실천함으로써 그는 가상과 현실의 경계를 가뿐히 넘어섰다. 여전히 가짜와 진짜의 구분에 목매달고 있는 사람들에게 유쾌 통쾌한 한 방을 날려준 것이다.

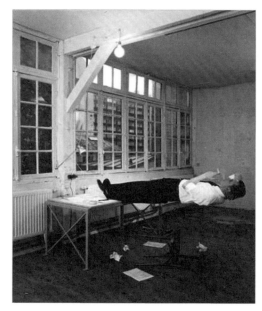

⟨필립 하메트, '합리적인 게으름(Paresse irrationnelle)'⟩

관객들은 조작된 이미지를 종종 실재하는 것으로 혼동한다. 그러다 이미지가 정교하게 구성된 가상의 것이고 그것이 곧 작가의 메시지라는 것을 알게 되면, 비로소 고개를 끄덕인다. '진짜인 줄 알았네'하고. 반대의 경우도 마찬가지다.

정확히 말하면, 인간의 두 눈만으로는 실재의 것과 실재하지 않는 조작된 것을 구분할 능력이 없다. 작품의 과정을 설명하지 않는다면 정직하기 짝이 없는 필립 하메트의 사진 앞에서 십중팔구 조작된 이미지라고 생각하게 될 것이다. 작가는 그것을 역으로 이용하며 유쾌하게 즐기고 있다. 필립 하메트의 작업은 모두가 진짜다. 현실에서 일어난 그대로의 일이라는 뜻이다. 그는 자신의 상상과 환상을 현실로 만드는 조각가가 되기를 자청한 자다."[1]

포토에세이에 앞서 스토리 사진을 실습해 보는 것도 재미있다. 연속사진으로 하고 싶은 이야기를 전달하는 것을 연습해 본 후에 사진에 에세이를 첨가하여 이야기를 하다보면 나아가서는 동영상 촬영과 편집에도 도움이 될 것이므로 콘텐츠를 전공하는 학생들에게는 시도해 볼 만한 작업이다. 데이비드 두쉬민은『포토스토리텔링의 기술』에서 여러 장의 사진을 통해 자신이 말하고자 하는 바를 표현하는 것이 어려운 작업이라고 말하며 음악의 리듬처럼 연속 사진 역시 리듬감을 가져야 율동감과 통일감을 느낄 수 있다고 지적한다. 요즘엔 스마트폰 카메라의 품질과 기능이 우수하므로 따로 특별한 카메라를 준비하지 않고도 쉽게 자신이 원하는 스토리를 사진의 연속으로 담아낼 수 있다. 포토스토리를 만들기 위해서는 먼저 하고 싶은 이야기와 이야기의 전달 대상을 정해서 주제를 정하고 난 후, 이야기를 만들기 위해 적당한 사진을 찍어 모은다. 사진을 찍고 모으는 과정에서 필요한 것은 무엇보다도 생각 담아내기이다. 이야기의 흐름을 머리에 그리며 빛, 색, 형태 등이 상징하는 의미를 이미지로 기호화하는 작업이 포토스토리의 생명력을 좌우할 것이다. 어느 정도 사진이 모아진 후에는 앞서 언급한 강약의 리듬을 고려하며 이야기를 구성한다. 이때 평소 익혀온 포

---

1) 최현주, 『사진의 극과 극』, 학고재, 2010, 17~19쪽.

토샵 기능을 활용하여 원하는 이미지를 얻는 실습을 해 보는 것도 디지털 스토리텔링을 위해서는 필요한 일이다.

문화콘텐츠닷컴에 다음과 같은 포토에세이가 있다.

"더 이상 기차가 정차하지 않는
역무원도 없고 승객도 적은
그곳을 우리는 간이역이라고 부른다.
그리움, 추억, 그리고 기다림.
간이역 그곳엔…"2)

사라져가는 간이역에 대한 사람들의 생각을 읽어보는 포토에세이로 기획된 4분짜리 포토다큐멘터리로 그리움, 추억, 기다림이라

---

2) 영상위치 http://cp.culturecontent.com/cp0803/data/vod/cp0803e00049/cp0803e00049_001_s.wmv

는 테마별로 이야기가 전개된다. 이미지, 음악, 짧은 글로 이루어진 동영상인데 "가는 사람이 많았지유. 그런데 지금은…", "만남과 헤어짐이 있는 약속의 장소였지요. 그런 곳이…" 등과 같이 삽입된 일반인들의 인터뷰가 정겹다. 지금은 얼마 남지 않은 사라져가는 간이역의 생성과 소멸, 변화에 대한 기록을 보다 보면 잠시나마 아련한 향수와 함께 아날로그 감성에 빠져든다.

정지해 있는 포토에세이를 움직이게 하면 동영상이 된다. 최근 업그레이드된 버전의 파워포인트는 슬라이드쇼를 녹화할 수 있는 기능이 추가되어 있다. 파워포인트의 다양한 편집기능을 이용하여 포토에세이를 만든 후 녹화하면 동영상으로 재탄생되는 것이다.

포토에세이를 활용하여 직접 동영상을 제작하는 것도 그리 어려운 일은 아니다. 〈간이역〉과 같은 포토 다큐멘터리를 비롯하여 다양한 방법의 스토리텔링을 적용할 수 있다. 또한 스마트폰의 진화로 사진 찍은 것을 바로 동영상으로 편집해주는 '사이클로라믹',[3] '로드무비',[4] '스냅무비'와 같은 앱도 개발되어 많이 쓰이고 있고, 최근에는 젊은이들 사이에서 '움짤'[5]이나 '탭툰(Tab toon)'[6] 같은

---

3) 이 앱은 '진동'을 이용해 수직으로 세워진 스마트폰이 직접 360도 회전하면서 파노라마 사진을 촬영하고 평평한 곳에 휴대전화를 세워놓기만 하면 된다.

4) 로드무비는 어떤 동영상이든 24초짜리 단편 영화로 만들어주는 앱으로 사용자가 직접 찍은 영상 속에 음악과 보정 효과 등을 추가할 수 있는 것이 특징이다. 촬영 방식은 24가지의 프레임을 활용해 1초씩 24샷, 2초씩 12샷, 3초씩 8샷 등 총 3가지가 있다. 기본으로 제공되는 배경음악을 넣어 분위기에 따라 다양한 영상을 연출할 수 있다. '스냅무비'도 '로드무비'와 기능 유사.

5) '움직이는 짤방'의 줄임말. 드라마나 뮤직비디오의 주요장면을 캡처해 이미지레디 혹은 알GIF 등으로 만든 움직이는 GIF파일을 총칭함.

6) 태블릿 PC로 웹툰을 제작하는 신개념 멀티미디어 콘텐츠.

유형도 인기를 얻고 있으니 SNS의 확산과 더불어 앞으로 점점 더 일반인 창작자들이 늘어날 것이다.

스마트폰 영화의 창시자로 불리는 마이클 코어벨 감독은 미국 USC 대학의 대학원생이던 2010년 6월에 최초의 스마트폰 영화를 찍었다. 1분 28초짜리 단편 영화 〈Apple of My Eye〉라는 작품인데, 장난감 기차에 부착된 아이폰이 장난감 레일 위를 달리며 모형기차역의 판타지 세상을 연출했다.

〈아이폰 4로 제작한 단편영화 'Apple of my eye' 한 장면7)〉

이 작품이 주목을 받은 이유는 자막에 나타난다. 'Shot and edited entirely on the new iPone 4'. 촬영과 편집을 전적으로 아이폰 4에서 작업했다는 사실이다. 100달러 정도의 제작비가 든 이 작품은 이틀 동안에 촬영되었고 하루 만에 편집되었다. 또한 미국 영화정보

---

7) 출처: http://blog.naver.com/lalalaeun/20116050446

사이트 IMDB에 공식 등록되며 영화로서 자격도 갖게 됐다. 영화는 유튜브를 타고 퍼져나가 아이폰 영화 신드롬을 일으켰고, CNN은 '새로운 인디영화의 출현'이라며 작품에 의미를 부여했다. 오로지 아이폰 4 하나로 촬영부터 편집까지 완성된 이 작품의 등장은 영화 촬영에 고가의 장비가 사용되지 않아도 되며 상상력과 스토리만 있으면 누구나 영화를 만들 수 있다는 가능성을 낳았다.

국내에서는 '2010년 아이폰 4 필름 페스티벌'에 참여한 12명의 감독8)이 모두 아이폰 4로 영화를 촬영하였고 이중 일부는 편집부터 음악까지 모든 후반작업까지도 아이폰 4로 제작하였다. 자유로운 소재와 제작방식으로 만들어진 열두 감독의 영화는 휴대가 편한 아이폰의 촬영 특수성 덕으로 기존 장편 상업영화에서는 보기 어려웠던 기발한 상상력이 가득한 작품들이 되었다.

2011년에는 박찬욱·박찬경 감독이 제작한 단편 영화 〈파란만장〉이 화제를 모았다. 영화의 대부분을 아이폰 4로 촬영했고 스마트폰으로 찍은 영화가 극장에서 개봉된 것은 이 작품이 처음이기 때문이다. 물론 화려한 영상미를 위해 해외에서 장비를 들여와 캐논 렌즈를 아이폰에 장착하였고, 촬영용 보트까지 포함한 각종 촬영장비와 조명 장비들, 다양한 특수효과와 특수분장, CG가 활용되었지만, 영화 〈파란만장〉은 독일 베를린에서 열린 제61회 베를린국제영화제에서 단편부문 황금곰상을 수상하여 세계 최초 극장 상영 스마트폰 영화라는 기록과 함께 세계 최초 국제영화제 수상

---

8) 12명의 감독은 정윤철, 봉만대, 윤종석, 이호재, 임필성, 김병서, 김지용, 정정훈, 조용규, 홍경표 감독과 아트디렉터 이현하, 서태지 뮤직비디오로 유명한 홍원기 감독이다.

스마트폰 영화라는 기록도 세웠다.

2012년에 개봉한 영화 〈서칭 포 슈가맨〉은 음악다큐멘터리로 제8회 미국 아카데미 장편다큐멘터리상을 수상한 작품이다. 미국에서는 무명의 포크록 가수로 노동을 하며 늙어갔지만 자신도 모르는 사이 남아공에서는 전설이 된 '시토 로드리게즈'의 삶을 그린 이 영화는 로드리게즈의 음악과 함께 다큐멘터리 자체의 완성도가 높다. 그리고 이 영화를 완성하는데 아이폰과 연관된 재미있는 일화도 있다. 1970년도라는 시대적 배경의 느낌을 살리기 위해서 말릭 벤젤룰 감독은 Super 8이라는 다소 비싼 오래된 필름 카메라로 촬영을 시작했는데, 꼭 필요한 몇 개의 샷을 남겨두고 제작비를 다 써버렸고 더 이상 필름을 구하지 못하게 되었다. 이때 감독은 기지를 발휘하여 단 돈 1달러짜리의 '8mm Vintage Camera'라는 앱을 이용하여 아이폰으로 남은 샷을 촬영하여 다큐멘터리를 완성한 것이다. 비록 몇 개의 샷만이 들어갔지만 이렇게 스마트폰으로 찍은 영상이 포함된 영화가 아카데미상을 수상했다는 것은 참으로 흥미로운 일임에 틀림없다.

아이폰으로만 영화를 찍을 수 있는 것은 아니다. 청춘을 향한 따뜻한 격려와 포옹의 마음을 담은 23분짜리 단편영화 〈우유시대〉는 2011년 김대우 감독에 의해 갤럭시 S로 촬영되어 갤럭시 탭 마이크로사이트를 통해 개봉됐다. 이 영화는 갤럭시 탭 마이크로사이트 등에서 350만 건 이상의 다운로드 수를 기록했고, 케이블TV 영화 채널 'OCN'과 '슈퍼 액션'에서도 연이어 상영되며 관심을 끌었다.

2012년에는 아이폰으로 찍은 장편영화도 극장가에 선보였다. 유기견을 기르는 웹툰 작가와 유기묘를 기르는 애니메이터의 엇박자 연애를 그린 로맨스물인 〈그 강아지 그 고양이〉인데, 제1회 올레스마트폰 영화제가 배출한 신예감독 민병우의 첫 장편 영화이다. 이 영화는 아이폰으로 영화를 찍는다는 실험적인 의미를 넘어 영화 촬영의 새로운 매체로서 스마트폰의 가능성을 입증하는 장편 영화였다.

스마트폰 영화제가 생긴 지도 벌써 몇 해가 지났다. '2014 Olleh 스마트폰 영화제'에서는 기존의 10분 영상 부문에 1분과 6초 부문이 새롭게 추가되었다. 짧은 영상도 영화가 될 수 있느냐는 물음에 행사 위원장을 맡은 이준익 감독은 "아무리 잘 만든 10분짜리 영상이라고 해도 6초짜리 영상의 파급력에 미치지 못합니다. 국적, 언어, 역사 불문의 강력한 메시지를 담은 6초짜리 영상이 전 세계에 공유되기까지는 30분이면 충분합니다."라고 답했다. 진원석 감독은 "스마트폰으로 영화를 촬영하는 단계는 이미 넘어섰고, 그것이 새로운 플랫폼과 콘텐츠를 창출한다."며 "오늘날 관객은 영화를 극장에서만 보지 않고 스마트기기로도 보기 때문에, 콘텐츠를 만드는 적합한 기기도 스마트폰이고 내러티브(이야기의 전개방식)도 모바일기기에 맞게 당연히 바뀐다."고 말했다. 스마트폰으로 몰리는 관람 문화, 그 정점에 있는 것이 1분 이내의 초단 영상이다. 이번 영화제에는 지난해 1월 출시된 '트위터 바인' 앱이 활용됐다. 이 앱은 6초짜리 영상을 제작해 손쉽게 공유할 수 있다는 것이 특징으로 SNS에서 돌풍을 일으키고 있다.9)

요즘에는 초등학생들도 스마트폰으로 사진이나 영상을 찍고 컴퓨터에 깔려 있는 편집 프로그램을 이용해 동영상을 만들어 SNS에 올린다. 어떤 장르건 상관없이 길이도 자유로 스마트폰을 이용한 영상콘텐츠는 더욱 더 많아질 것이다. 무한한 상상력을 바탕으로 하든, 주변에서 흔히 볼 수 있는 일상의 모습을 담아내든 스마트폰 영화는 촬영장비의 휴대가 용이하다는 특성을 바탕으로 지속적으로 업그레이드되면서 개발되는 앱들을 활용하여 진화할 것이다. 잊지 말아야 할 것은 스토리텔링이다. 보다 좋은 영화를 만들기 위해서는 주제를 효과 있게 전달하기 위한 적절한 서사와 표현방법, 임팩트 있는 영상, 세심한 후반작업 등에 집중해야 할 것이다.

기술의 진화와 더불어 콘텐츠 제작에서 최근 눈에 띄는 것이 드론(Drone)의 활용이다. 드론이란 날릴 때 벌처럼 윙윙거리는 소리를 낸다고 해서 붙여진 이름이다. 본래 드론은 군사용 목적으로 20세기 초부터 다양하게 사용되었는데 최근에는 일상 곳곳에 스며들면서 동영상 콘텐츠 제작에도 다양하게 활용되고 있다. 영화나 드라마, 심지어 예능이나 뉴스에까지 드론으로 촬영한 영상이 등장하고 있다. 드론은 수직으로 이착륙할 수 있고 고해상도의 사진을 찍을 수 있는 장점을 가진다. 드론에 어떤 것을 탑재하느냐에 따라 그 활용도는 무궁무진하게 늘어난다. 심지어 2016년 초 미국 라스베이거스에서 열린 'CES 2016'[10)]에서는 가상현실 VR 헤드셋

---

9) 김유정 기자, 「'6초 영상도 영화' 스마트폰 영화촬영 노하우」, 《디지털타임스》, 2014.9.17 인용.

과 같은 웨어러블 기기와 드론을 접목한 '가상현실 드론'도 나타났다. 이 같은 기술은 오감체험형 콘텐츠 스토리텔링에 새로운 지평을 열었다해도 과언이 아닐 것이다. 드론의 가격이 점점 낮아져가고 국내에서도 공모전에서조차 드론을 이용하여 촬영한 콘텐츠가 수상을 하는 요즈음 스마트폰 영화 제작에도 드론을 활용하는 디지털 스토리텔링이 급진전을 보일 전망이다.

10) 2016년 1월 6일부터 1월 9일까지 미국 라스베이거스에서 열린 국제전자제품박람회.

팀을 구성하여 5분 이내의 스마트폰 영화를 만들어보자.

제목	
기획의도	
스토리텔링 전략	

시놉시스

참고문헌

강준만, 『대중문화의 겉과 속』, 인물과사상사, 2013.

공훈의, 『SNS는 스토리를 좋아해』, 메디치미디어, 2014.

김동완, 『카피라이터가 사랑한 소설』, 아트북스, 2007.

김승룡·장미영·주경미, 『창의적 발상과 문화콘텐츠 작법』, 글누림, 2006.

김창남, 『대중문화의 이해』, 한울, 2010.

남경태, 『현대철학은 진리를 어떻게 정의하는가』, 두산동아, 1997.

노장오·장욱선, 『생각공장 공장장』, 매경출판, 2010.

데이비드 두쉬민 지음, 조윤철 옮김, 『포토스토리텔링의 기술』, 정보문
    화사, 2011.

마이클 우드 지음, 최애리 옮김, 『신화추적자』, 웅진 지식하우스, 2006.

마이클 타이노 지음, 김윤철 옮김, 『스토리텔링의 비밀: 아리스토텔레
    스와 영화』, 아우라, 2008.

소영미, 『카피라이터처럼 소통하라』, 아이엠북, 2012.

송원찬·신병철·안창현·이건웅, 『문화콘텐츠 그 경쾌한 상상력』, 북코
    리아, 2010.

수잔 블랙모어 지음, 김명남 옮김, 『MEME 밈』, 바다출판사, 2010.

신동윤, 『문화콘텐츠 상품기획』, 한국콘텐츠진흥원 사이버아카데미 온

라인 강의 교재.

아서 단토 지음, 박선령 옮김, 이혜경 엮음, 『21세기 창조적 인재의 롤모델 앤디 워홀 이야기』, 명진출판, 2010.

안태근, 『나는 다큐멘터리 PD다』, 스토리하우스, 2010.

오태엽, 『시간속의 만화와 캐릭터』, '한국콘텐츠진흥원 사이버 아카데미'(http://edu.kocca.or.kr) 온라인 강의 교재.

요한 하위징아 지음, 김윤수 옮김, 『호모루덴스(Homo Ludens : A Study of the Play-Element in Culture)』, 까치글방, 1998.

유순미·지용진, 『아이폰 영화만들기』, 영진닷컴, 2011.

이도원·배준오·채종서, 『스토리텔링 프레젠테이션 프레지』, 멘토르, 2011.

이재현, 『멀티미디어』, 커뮤니케이션북스, 2013.

이종승, 「애니메이션 콘텐츠 창작소재와 전통 민속문화와의 만남 : 미셸 오슬로의 〈키리쿠와 마녀〉와 KBS 위성 TV〈애니멘터리 한국설화〉를 중심으로」, 『만화애니메이션 연구』 제19호, 2010, 65~88쪽.

이종원, 『대한민국 숨겨진 여행지 100』, 상상출판, 2012.

이지선·김지수, 『디지털 네이티브 스토리』, 리더스하우스, 2011.

이현석, 「싸이의 영상 뮤직비디오 '강남스타일'에 드러난 키치(Kitsch)와 밈(Meme)에 대한 탐구」, 『한국콘텐츠학회논문지』 Vol. 13, 2013, 148~158쪽.

이화인문과학원, 『디지털 시대의 컨버전스』, 이화여자대학교 출판부, 2011.

장상용, 『전방위 문화기획자를 위한 스토리텔링 쓰기』, 해냄출판사, 2010.

정창권, 『문화콘텐츠 스토리텔링』, 북코리아, 2008.

제니퍼 밴 시즐 지음, 정재형 옮김, 『영화영상 스토리텔링 100』, 책과길, 2011.

조너선 갓셜 지음, 노승영 옮김, 『스토리텔링 애니멀』, 민음사, 2014.

주세페 크리스티아노 지음, 김병철·이우석 옮김, 『최고의 스토리보드 만들기』, 시공사, 2008.

주유신 외, 『알고 누리는 영상문화』, 소도, 2005.

진중권 엮음, 『미디어아트: 예술의 최전선』, 휴머니스트, 2011.

최예정·김성룡, 『스토리텔링과 내러티브』, 글누림, 2005.

최재용, 『함께쓰는 SNS 이야기』, 라온북, 2013.

최현주, 『사진의 극과극』, 학고재, 2010.

크리스티앙 살롱 지음, 류은영 옮김, 『스토리텔링』, 현실문화, 2010.

클라우스 포그·크리스티안 부츠·바리스 야카보루 지음, 황신웅 옮김, 『스토리텔링의 기술』, 멘토르, 2008.

탁현민, 『상상력에 권력을』, 더난출판, 2010.

폴 J. 켈리 지음, "The Seven Slide Solution", 김경태·김창환 편역, 『7장의 슬라이드로 끝내는 스토리텔링 프레젠테이션』, 멘토르, 2010.

허정아, 『디지털 시대의 문화콘텐츠 기획』, 연세대학교 출판부, 2006.

헨리 젠킨스 지음, 김정희원·김동신 옮김, 『컨버전스 컬처: 올드 미디어와 뉴미디어의 충돌』, 비즈앤비즈, 2008.

황민호, 「알타미라 동굴 벽화가 만화라고?」, 한국콘텐츠 진흥원 온라인 강의 『시간속의 만화와 캐릭터』 3차시.